Jürgen Werner / Ulf Tödter

Überzeugen – die Kunst, andere zu gewinnen

POCKET BUSINESS TRAINING

Cornelsen

Verlagsredaktion: Christine Schlagmann
Technische Umsetzung: Holger Stoldt, Düsseldorf
Umschlaggestaltung: Ellen Meister, Berlin
Titelfoto: Colin Hawkins / gettyimages®

Informationen über Cornelsen Fachbücher und Zusatzangebote:
www.cornelsen.de/berufskompetenz

1. Auflage

Druck: Druckhaus Berlin-Mitte GmbH

ISBN 978-3-589-23805-7

Inhalt gedruckt auf säurefreiem Papier
aus nachhaltiger Forstwirtschaft.

Inhalt

Einleitung

Wenn Sie …

- der Meinung sind, dass Ihnen aufgrund Ihrer beruflichen Leistung ein höheres Gehalt zusteht, dann müssen Sie Ihren Chef oder Ihre Chefin von dieser Sichtweise überzeugen, um mehr Geld zu bekommen.
- als Verkäufer wollen, dass Ihr Kunde sich zum Kauf einer neuen Einbauküche entschließt, dann versuchen Sie ihn von den Vorteilen des Produkts zu überzeugen.
- sich wünschen, dass Ihr Partner mit Ihnen die Ferien in den Bergen verbringt, obwohl er viel lieber ans Meer fährt, dann sollten Sie ihn von den Vorzügen eines gemeinsamen Urlaubs in den Bergen überzeugen.

Der Versuch zu überzeugen wird in allen Lebensbereichen unternommen. Doch oft genug scheitern wir mit unserem Wunsch, andere für eine gemeinsame Sache zu gewinnen. Überzeugen setzt einiges voraus. Die Anforderungen sind sogar so anspruchsvoll, dass wir hier von einer Kunst sprechen wollen.

Wie jede andere Kunst verlangt auch die Überzeugungskunst ein hohes Maß an Können. Früher wurden diese Fertigkeiten in einer eigenen Disziplin gelehrt, der so genannten Dialektik. Sie ist die Schwester der heute viel bekannteren Rhetorik. Beide zählten im klassischen Bildungssystem zu den sieben freien Künsten. Ohne sie zu absolvieren, konnte kein Studium an einer Universität aufgenommen werden. Man verstand sie als eine grundlegende Voraussetzung, um sich in einem wissenschaftlichen Diskurs nach allen Regeln der Kunst behaupten zu können.

Überzeugungsnotstand in der Republik

Heute wird die Fähigkeit des Überzeugens überall gebraucht. Denn so wie in der Gesamtgesellschaft ist auch in der Ar-

beitswelt das Prinzip von Befehl und Gehorsam weitgehend verschwunden. Hierarchien werden immer flacher und die Arbeit projektbezogener. Außerdem sind die Mitarbeiter kritischer und selbstbewusster geworden. Sie erwarten von ihren Vorgesetzten, dass sie ihre Führungsaufgabe überzeugend wahrnehmen. Wie sehr sie in diesen Erwartungen enttäuscht werden, zeigen viele Befragungen.
Nach einer Umfrage des Meinungsforschungsinstituts Gallup sind nur 13 Prozent der deutschen Arbeitnehmer mit ihrer Arbeit zufrieden. Und nach einer Studie der Hans-Böckler-Stiftung fühlen sich rund 60 Prozent der Deutschen im Beruf nicht ausreichend gewürdigt. Die Notwendigkeit einer praxistauglichen und zeitgemäßen Überzeugungskunst hat in den letzten Jahrzehnten stark zugenommen.

Was heißt eigentlich überzeugen?

Das Überzeugen ist eine von vielen Formen der Verhaltensbeeinflussung. Überzeugen heißt, die Wahrnehmung eines anderen Menschen zu verändern. Das ist nichts Geringes. Wenn wir uns vor Augen führen, wie beharrlich wir manchmal an einer Meinung festhalten und uns anderen Standpunkten verschließen, dann können wir uns gut vorstellen, wie schwer es sein kann, andere von einer einmal eingenommenen Position abzubringen. Denn Überzeugen ist etwas anderes als Anordnen und das Erteilen von Befehlen.

> Der Erfolg des Überzeugens zeigt sich nicht an der Unterwerfung des Gesprächspartners, sondern an dessen Zustimmung.

Sie müssen ihn auf kluge Weise für Ihre Sichtweise gewinnen.

Überreden ist Manipulation

Überzeugen ist etwas anderes als Überreden. Denn wenn Sie jemanden zu etwas überreden, dann erschleichen Sie sich mit unfairen Mitteln seine Zustimmung. Sie ziehen ihn gleichsam „über den Tisch“.

Das Unterscheidungskriterium zwischen Überzeugen und Überreden ist das der Fairness.

Handeln Sie gegen die Interessen Ihres Gesprächspartners, dann überreden Sie ihn. Das kann geschehen, indem Sie ihm etwas vormachen, was so gar nicht stimmt. Oder indem Sie ihm ein schlechtes Gewissen bereiten, das ihn zu einer bestimmten Entscheidung bewegen soll. Somit handelt der Überredete gegen seine eigenen Interessen. Da er jedoch manipuliert wurde, merkt er es im ersten Moment meist nicht. Im Nachhinein bleibt aber ein ungutes Gefühl zurück, das Ihre Beziehung belasten wird.

Fairness ist das Leitprinzip des Überzeugens

Wenn Sie jemanden überzeugen wollen, dann eröffnen Sie ihm eine neue Sichtweise. Die dadurch gewonnene bessere Einsicht kann er nun für seine eigenen Interessen nutzen. Damit ist beiden Seiten geholfen – dem Überzeuger und dem Überzeugten. Das ist eine faire Sache.
Grundsätzlich lassen sich vier Möglichkeiten voneinander unterscheiden, wie Sie einen anderen Menschen zu einer Verhaltensänderung bewegen können.

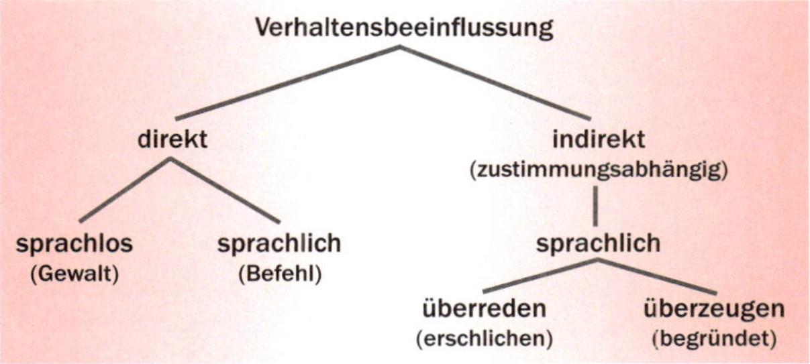

Vier Möglichkeiten der Verhaltensbeeinflussung

Voraussetzungen unserer Überzeugungskraft

Überzeugen erschöpft sich nicht nur im Transfer einer Sichtweise von einem Sender zu einem Empfänger.

> Denn wer eine Überzeugung übertragen möchte, muss zuallererst selbst von seinen Ideen überzeugt sein.

So spielt schon das Substantiv „Überzeugung“ auf zwei Aspekte an: Neben dem Vorgang des Transfers ist mit Überzeugung die Identifikation mit einer Idee gemeint. Man spricht in diesem Zusammenhang auch von einem Glaubenssatz. Wenn wir selbst nicht an das glauben, was wir vermitteln wollen, dann fehlt es uns an der nötigen Überzeugungskraft.

Was Sie in diesem Buch finden

Mit dieser Grundvoraussetzung wollen wir im ersten Kapitel beginnen. Wir gehen der Frage nach, wie sich die Überzeugungskraft des Senders einer Botschaft so steigern lässt, dass er andere Menschen in seinen Bann ziehen kann. Dazu wollen wir von den Charismatikern lernen, die andere auf faszinierende Weise begeistern und gewinnen. In vielen praktischen Übungen können Sie selbst testen, wie Sie Ihre positive Ausstrahlung verstärken und im Brustton der Überzeugung sprechen können. Sie erfahren, was es braucht, um glaubwürdig zu sein, und wie Sie zu innerer Klarheit gelangen, um die nötige Souveränität zu vermitteln.

Im zweiten Kapitel wenden wir uns der Kunst des Argumentierens zu. Mit ihrer Hilfe schärfen Sie Ihre Gedanken und finden leichter zu stichhaltigen Argumenten. Außerdem erkennen Sie dadurch wesentlich zuverlässiger, wenn jemand Sie manipulieren will und für seine Behauptungen Gründe schuldig bleibt. Das gibt Ihnen mehr Sicherheit in Gesprächen und steigert so Ihr Selbstvertrauen.

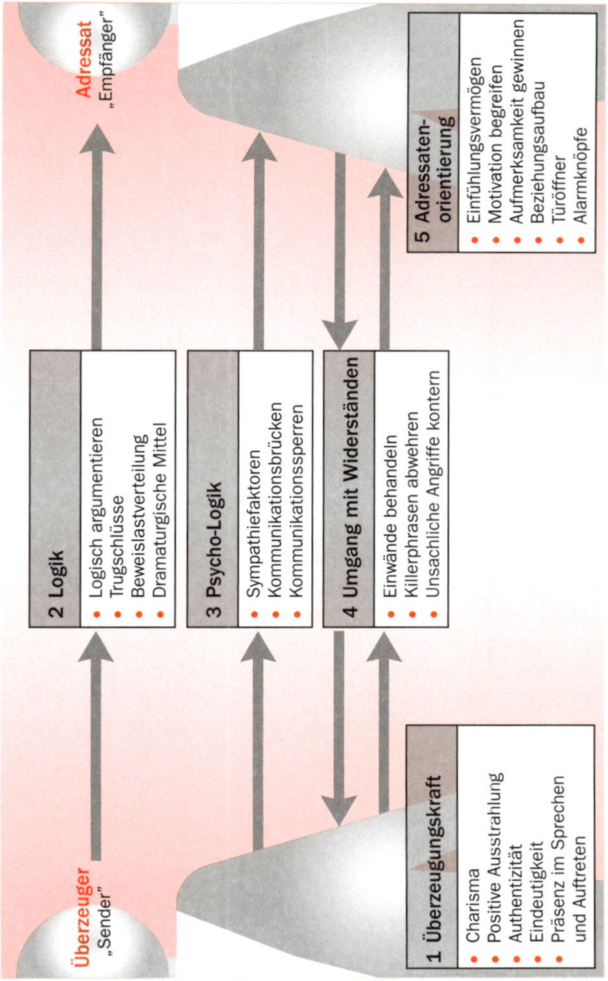

Das Sender-Empfänger-Modell des Überzeugens

Da andere am besten mit Herz und Verstand zu gewinnen sind, wenden wir uns im dritten Kapitel der Psychologie des Überzeugens zu, der Psycho-Logik. Hier erfahren Sie, welch große Rolle die Sympathie in diesem Prozess spielt und auf welchen Grundlagen sie beruht. In verschiedenen Übungen können Sie testen, welche Wirkungen die Sprache hervorruft. Womit lässt sich ein Gesprächspartner für eine gemeinsame Sichtweise gewinnen und mit welchen Formulierungen verbauen wir eine Übereinkunft?

Da es trotz allen guten Bemühens nicht sicher ist, dass die Überzeugung gelingt, stehen im vierten Kapitel mögliche Widerstände des Gesprächspartners im Mittelpunkt. Jetzt können Überzeugungsprofis erst so richtig zeigen, was sich nach den Regeln der Kunst alles erreichen lässt. Wie geht man gekonnt mit Einwänden, Killerphrasen oder gar persönlichen Angriffen um und stellt dabei die eigene Kompetenz glaubwürdig unter Beweis?

Weil jede Überzeugung an der jeweiligen Sichtweise und Einstellung des konkreten Gegenübers ansetzen muss, wenden wir uns im fünften Kapitel den Adressaten und dem Thema Menschenkenntnis zu. Der Leser lernt, differenziert für verschiedene Persönlichkeitstypen, wie er für die Ohren des anderen argumentieren muss, um ihn für eine gemeinsame Sichtweise zu gewinnen. Zahlreiche Übungen vertiefen die gewonnenen Erkenntnisse und unterstützen den Transfer in den Alltag.

1 Überzeugungskraft

Überzeugen können Sie nur, wenn Sie selbst von Ihren Ideen überzeugt sind. Wer nicht selbst von einer Sache infiziert ist, kann andere nicht damit anstecken. Ihr Gegenüber nimmt schnell wahr, ob Sie etwas zu sagen haben oder nicht. Denn nur wer hinter seiner Sache steht, entwickelt die notwendige Überzeugungskraft. Erst dann kann der Funke überspringen.

Wahrscheinlich kennen auch Sie Menschen, die es auf beneidenswerte Art verstehen, andere in ihren Bann zu ziehen. Spielend leicht gewinnen sie unsere Aufmerksamkeit. Mit ihrer sympathischen Art schaffen sie eine vertrauensvolle Nähe und erreichen aufgrund der gespürten Verbundenheit in wichtigen Fragen bald auch unsere Zustimmung in anderen Fragen. Dieses Wirken hat etwas Geheimnisvolles an sich. Und es scheint nur wenigen Auserwählten vorbehalten zu sein. Die Rede ist von Charisma.

1.1 Das Rätsel Charisma

Charismatiker haben eine ganz besondere Ausstrahlung. Und ganz gewiss haben große Charismatiker diese Fähigkeit nicht in Seminaren oder gar aus Büchern erlernt. Wenn wir uns also trotzdem daranmachen wollen, das Rätsel um das Charisma zu lüften, dann nicht, um auf marktschreierische Art und Weise zu verkünden, wir alle könnten in nur wenigen Tagen zu Charismatikern werden. Das wäre unrealistisch.

Wir wollen durch eine Analyse dieses Phänomens vielmehr die einzelnen Bestandteile einer gewinnenden Ausstrahlung erkunden. Sie können dadurch am besten erkennen, an welchen Stellen Sie konkreten Handlungsbedarf haben, um Ihre Überzeugungskraft gezielt auszubauen.

Was also ist Charisma? Der Begriff ist dem Griechischen entlehnt und entstammt ursprünglich dem religiösen Kontext. Er lässt sich als Gnadengabe übersetzen. Charismatische Menschen sind demnach Persönlichkeiten mit der Begabung zum Propheten oder Heiligen. Sie verspüren einen inneren Auftrag, die Herzen ihrer Mitmenschen mit ihrer lebendigen Rede zu erreichen. Übertragen auf den weltlichen Bereich finden sich hier Machthaber und Helden in der Geschichte, die von sich hören machten – im Guten wie im Schlechten. Sie verstehen es, andere Menschen zu faszinieren und in ihren Bann zu ziehen.

Charismatiker ziehen Aufmerksamkeit auf sich

Ein erstes Merkmal, losgelöst von jeder Geheimnistuerei, sei also festgehalten:

> Charismatischen Menschen gelingt es länger als anderen, die Aufmerksamkeit ihrer Mitmenschen zu binden.

Es muss einen Grund dafür geben, wie sie es schaffen, sich für andere so interessant zu machen. Meist wird gesagt, sie seien eben mit außergewöhnlichen Eigenschaften gesegnet, die ihnen das ermöglichen.

Mit der Behauptung, das Charisma entziehe sich der Vernunft, ist jedoch nichts gewonnen. Mehr Erklärungswert besitzt die Feststellung des Sozialpsychologen Serge Moscovici, der sich nicht nur mit dieser rätselhaften Gabe befasst, sondern auch mit der Beziehung zwischen dem Charismatiker und seinen Bewunderern.

In dieser Lesart wird Charisma als eine Beziehungskategorie verstanden. Und da ist eine Beobachtung aufschlussreich: Der Charismatiker gestattet jedem Individuum aus der Masse, sich einzubilden, es stünde in direktem Kontakt zu ihm. Auch wenn man die bewunderte Person nur einmal gehört oder von Ferne gesehen hat, bleibt doch das Gefühl, ihr sehr nahe gewesen zu sein. Und das, obwohl den Charismatiker eine Aura umgibt, in die niemand einzudringen vermag.

Es ist genau diese Widersprüchlichkeit, die das Charisma so geheimnisvoll macht.

Beispiel
Peter Glotz, ein langjähriger Wegbegleiter Willy Brandts, drückte diesen Widerspruch, der schon innerhalb der Person besteht, so aus: *„Brandt war ein beherrschter, verbindlicher, diskursiver Mann, ein Herr, aber gleichzeitig ein verschlossener, seine Gefühle verbergender, seine Enttäuschungen verschluckender Mann. Wenn das Charisma durchbrach, ging er schlafwandlerisch auf dem Dachfirst. Niemand von uns erreichte ihn dann."* An anderer Stelle heißt es bei Peter Glotz: *„Wie kann ein solcher Einzelgänger so hoch steigen und so viele Einverständnisse zur breiten Öffentlichkeit herstellen?"*

Oder anders gefragt: Worauf beruht die Illusion der vielen, dem Charismatiker so nah zu sein?

Charismatiker sind Hoffnungsträger

Der Charismatiker spricht gekonnt die Hoffnungen und heimlichen Sehnsüchte seiner Bewunderer an. Er zeigt, dass er sie versteht. Er bietet sich als Hoffnungsträger an. Eine ideale Projektionsfigur also. Die Bewunderer schenken diesem Menschen in einer sehr weit reichenden Identifikation ihr Vertrauen und sind bereit, ihm zu folgen. Sie gehorchen ihm nicht, sondern sie sind ihm ergeben.
Damit können wir als zweites Merkmal festhalten, dass der Charismatiker es versteht, sich als Vollstrecker der Werte und Sehnsüchte seiner Mitmenschen zu inszenieren:

> Indem der Charismatiker Werte personifiziert, die auch unabhängig von ihm Bestand haben, verschafft er sich den Status einer überpersönlichen Instanz.

Seine Aura reicht deshalb auch weiter als die eines gewöhnlichen Menschen. Jeder spürt, dass der Charismatiker nicht davor zurückschreckt, sich unbeliebt zu machen, wenn die Geltung der geteilten Werte gefährdet ist. Deswegen ist er zugleich eine bewunderte und gefürchtete Macht.

Charismatiker strahlen Tatkraft und Selbstvertrauen aus

Der Charismatiker ist nicht nur ein Menschenversteher, sondern auch ein Mensch der Tat. Als vermeintlicher Vollstrecker unserer Werte vermittelt er die Gewissheit, diesen Auftrag auch umzusetzen. Das Publikum spürt: Der weiß, was er will, und wird es auch erreichen. Der Charismatiker steht zu seinen Handlungen und ist bereit, die Konsequenzen zu tragen. Er zeigt Rückgrat gegenüber den Mächtigen und stellt sich schützend vor seine eigenen Leute.
Diese Tatkraft zieht magisch an. Bemerkbar macht sie sich in der Ausstrahlung, die ein hohes Selbstvertrauen erahnen lässt. Damit ist das Vertrauen in die eigenen Fähigkeiten gemeint, was eine positive und lebensbejahende Einstellung zu sich selbst meint. Der Charismatiker erreicht gerade dadurch Anerkennung, dass er den Eindruck vermittelt, auf diese Anerkennung nicht angewiesen zu sein. Seine Quelle ist eine andere. Er ist sich offenbar selbst genug und ruht in sich. Dieser Glaube an sich selbst und seine Berufung schaffen das Bild einer starken Unabhängigkeit gegenüber allen Anfechtungen von außen. Das dritte Merkmal lautet also:

> Der Charismatiker ist ein Mensch mit einer positiven und tatkräftigen Ausstrahlung.

Wie sehr wir diese Ausstrahlung spüren, hat Shakespeare exemplarisch in einem Dialog zwischen König Lear und dem Grafen von Kent ausgedrückt:

Lear: *Wem willst du dienen?*
Kent: *Euch.*
Lear: *Kennst du mich, Alter?*
Kent: *Nein; aber Ihr habt etwas in Euerm Wesen, das ich gerne Herr nennen möchte.*
Lear: *Was ist das?*
Kent: *Hoheit.*

Lösen wir uns nun vom Bild des alles überstrahlenden Charismatikers und fragen wir uns, welche praktischen Einsichten und Übungen für dieses Trainingsbuch daraus zu gewinnen sind, um die eigene Überzeugungskraft zu erhöhen.

1.2 Die positive Ausstrahlung

Jeder Mensch strahlt etwas aus. Das muss nicht unbedingt etwas Positives oder Einladendes sein. Manche Menschen strahlen etwa eine solche Unzufriedenheit und Ablehnung aus, dass man lieber das Weite suchen möchte. Sie tun sich naturgemäß schwer damit, andere von einer Sache zu begeistern. Es braucht viel guten Willen, um ihren Ausführungen längere Zeit zu folgen. Und auch wer den Charme eines Aktendeckels versprüht, zieht andere kaum in den Bann. Mit was sollte er auch faszinieren können? Wer sich solcher Wirkung auf andere bewusst wird, möchte nun oftmals lernen, besser „rüberzukommen". Die eigene Wirkung auf Kunden oder Mitarbeiter soll gezielt verbessert werden.
Der Blick auf die Außenwirkung greift allerdings zu kurz. Denn Ausstrahlung kommt von innen. Von den Charismatikern können wir lernen, welche innere Haltung dafür verantwortlich zeichnet. Es ist das hohe Selbstvertrauen und die lebensbejahende Einstellung zu sich selbst.

> Menschen mit einer positiven Ausstrahlung lassen erkennen, dass sie mit sich selbst im Reinen sind. Sie ruhen in sich selbst.

Diese innere Gelassenheit und Harmonie flößt anderen Menschen großes Vertrauen ein und öffnet sie bereitwillig.

Selbstvertrauen baut auf Selbsterkenntnis auf

Eine positive Einstellung gegenüber sich selbst hat nichts mit Schönreden zu tun. Es ist also keineswegs so, als wollte man von den ebenfalls vorhandenen Schwächen nichts mehr wissen. Die lebensbejahende Sicht beruht vielmehr auf einer profunden Selbsterkenntnis.

Hier weiß jemand ganz klar um seine einzigartigen Stärken und ist auch in der Lage, sich darüber zu freuen. Auf der anderen Seite weiß dieser Mensch ebenso um seine Schwächen und kann auch dazu stehen. Er hat gelernt, mit diesen Schwächen gekonnt umzugehen.

> Es ist diese gelungene Selbststeuerungskompetenz, die uns das Selbstvertrauen und die Souveränität in der Ausstrahlung spüren lässt.

Reine Fassadentechnik, die uns beibringen wollte, wie wir nach außen souverän wirken, würde das ursprüngliche Problem nur verschärfen. Denn die Aufmerksamkeit verlagerte sich nun ganz auf die Außenwirkung. Immer müssten wir befürchten, dass die Maskerade durchschaut wird. Das strengt sehr an und wirkt zudem gekünstelt. Die erhoffte Ausstrahlung von Selbstvertrauen und Souveränität wäre genau damit vereitelt.

Bewusstsein für individuelle Talente

Machen Sie sich an dieser Stelle also Ihre ganz individuellen Stärken bewusst und fragen Sie sich, welche Talente Sie haben. Ein Talent ist das, was man mit Freude tut und gut kann. Angesichts dessen wäre eigentlich zu erwarten, dass jeder schon längst um seine Talente weiß.
Unsere Erfahrung als Trainer und Berater ist jedoch eine andere. Gerade weil das Ausleben der einzigartigen Stärken so leichtfällt, werden sie häufig gar nicht als etwas Besonderes wahrgenommen. Viel mehr Aufmerksamkeit erfahren in der Regel unsere Schwächen, weil wir mit ihnen auf Schwierigkeiten stoßen und uns dann bewusst damit auseinandersetzen müssen.
Talente sind schon sehr lange in uns angelegt. Deswegen lohnt sich ein biografischer Rückblick bis ins Kindesalter. Dabei stoßen Sie möglicherweise auch auf verborgene und verschüttete Talente, die nicht gelebt oder aufgegeben wurden, weil sie z.B. als „brotlose Kunst“ diffamiert wurden.

Übung 1

Schauen Sie auf Ihr Leben zurück und halten Sie dabei für einzelne Lebensabschnitte fest, was Sie mit besonders großer Freude getan haben. Gehen Sie bis in die Kindergartenzeit zurück. Fragen Sie sich dabei auch, welche Ihrer Fähigkeiten diese Freude ermöglicht hat.

Das innere Feuer lässt den Funken überspringen

Fällt es Ihnen leicht, Ihre Talente zu benennen? Oder neigen Sie eher dazu, Ihre Talente zu übersehen, weil Sie sie für selbstverständlich halten und nicht weiter einer Erwähnung wert?

Auf diese Weise verstecken sich viele Menschen. Es ist, als ob sie sich unsichtbar machen wollten. Ganz das Gegenteil des Charismatikers, der aus der Masse hervorsticht. Wer mit Begeisterung ans Werk geht, steckt andere Menschen unweigerlich damit an. Der Funke springt über – genau das, was wir brauchen, um andere zu überzeugen.

Übung 2

Werden Sie mutig und setzen Sie sich mit einer Person Ihres Vertrauens zusammen. Erzählen Sie diesem Menschen von Ihren Talenten: Was tue bzw. tat ich mit großer Freude und Hingabe? Nehmen Sie sich etwa zehn Minuten Zeit dafür. Die andere Person hat währenddessen die Aufgabe, darauf zu achten, an welchen Stellen der Erzählung Ihre Augen leuchten. Denn das Leuchten der Augen ist ein guter Indikator für das „innere Feuer“ und unsere Begeisterung. Holen Sie sich eine Rückmeldung dazu, wie es ist, wenn Sie strahlen und leuchten. Vielleicht ist Ihnen das anfangs peinlich, wenn Sie sich so weit zeigen. Erlauben Sie es sich immer mehr, es zu genießen, wenn andere Menschen sich von Ihrer Freude anstecken lassen.

Dankbarkeit für die Gaben, die wir erhalten haben

Die lebensbejahende Einstellung von Menschen mit einer positiven Ausstrahlung äußert sich auch in der Dankbarkeit für ihre Talente. Da empfindet jemand Demut für die Gaben, die er erhalten hat, und Freude daran, dass er sie zum Wohl anderer Menschen weiterentwickeln und kultivieren kann. Damit ist er meilenweit entfernt vom aufgeblasenen Egozentriker, der sich ungefragt in den Mittelpunkt stellt und mit seinen Fähigkeiten prahlt. Solch ein Mensch ruht nicht in sich, sondern giert wie ein Abhängiger nach Anerkennung. Charismatiker sind keine Egozentriker.

Übung 3

Versuchen Sie ein Gefühl von Dankbarkeit für Ihre Talente zu entwickeln. Sie werden mit der Zeit feststellen, dass Sie sich immer weniger anstrengen müssen, um sich in Ihrer ganz individuellen Art zu behaupten. Sie werden mehr und mehr Freude dabei empfinden, Ihre Talente spielerisch auszudrücken. Dabei kommen Sie der gesuchten natürlichen Ausstrahlung immer näher. Denn natürliche Ausstrahlung lässt sich nicht mit Fassadentechnik erzielen!

Der Vorteil körperlicher Attraktivität

Körperlich attraktive Menschen scheinen es da leichter zu haben. Es ist fast so, als gelte für sie noch die Auffassung der Antike: In einem schönen Körper ruht eine schöne Seele. Denn die Attraktivität eines Menschen hat direkten Einfluss auf seine Glaubwürdigkeit.

Zahlreiche psychologische Studien konnten nachweisen, dass schöne Menschen nicht nur für klüger und erfolgreicher gehalten werden, sondern auch für charakterlich und moralisch überzeugender. Wir finden sie einfach sympathischer:

Das fängt schon gleich nach der Geburt an. Schönen Babys wird mehr Aufmerksamkeit geschenkt als weniger schönen. Sie werden öfter in den Arm genommen und gestreichelt. Umgekehrt schauen auch die Säuglinge schöne Gesichter länger an als weniger schöne. Attraktiven Kindern fällt es leichter, Kontakte zu knüpfen, und sie haben mehr Freunde. Ihre Lehrer geben ihnen bei gleicher Leistung die besseren Noten. Als Erwachsene winkt den Gutaussehenden ein höheres Gehalt, und wenn sie mit dem Gesetz in Konflikt geraten, können sie damit rechnen, milder bestraft zu werden.

Ist unser Schönheitsempfinden nicht etwas sehr Subjektives und stehen die hier zusammengefassten Studienergebnisse damit auf sehr wackligen Beinen? Das könnte man meinen. Die neueste Attraktivitätsforschung belehrt uns jedoch eines Besseren. Demnach stimmen die Menschen weltweit sehr stark darin überein, was sie für schön halten und was nicht. Dazu zählt die Ausgewogenheit der Proportionen; insbesondere symmetrische Gesichter ziehen sehr an.

Attraktivität überstrahlt andere Eigenschaften

Dass die Attraktivität eines Menschen so hohen Einfluss auf seine Glaubwürdigkeit hat, kann nur mit dem in der Psychologie bekannten Halo-Effekt erklärt werden. Damit ist gemeint, dass der Gesamteindruck, den eine Person auf andere macht, durch ein einzelnes positives Merkmal dominiert wird. Das hervorstechende Merkmal wirft dabei seinen Schatten über alle anderen Merkmale.
Es ist unbestritten, dass es körperlich attraktive Menschen leichter als andere haben, ihre Mitmenschen für sich zu gewinnen. In all den Untersuchungen sind allerdings nur zwei Merkmale miteinander verglichen worden: körperlich attraktiv bzw. nicht attraktiv. Die positive Ausstrahlung, die auf einer lebensbejahenden Einstellung beruht, wurde dabei nicht berücksichtigt. Sie lässt sich auch nicht anhand von statischen Merkmalen bestimmen. Diese Lücke können Sie selbst anhand Ihrer bisherigen Lebenserfahrung schließen.

Übung 4

Erinnern Sie sich an drei bis vier Menschen, deren positive Ausstrahlung Sie fasziniert und die für Sie eine hohe Überzeugungskraft haben. Dann betrachten Sie deren Äußeres vor Ihrem geistigen Auge einmal näher. Entspricht es weitgehend den gängigen Schönheitsvorstellungen oder nehmen Sie auch weniger perfekte Stellen wahr?

Es wäre überraschend, wenn Sie sich ausschließlich von körperlich attraktiven Menschen in Bann ziehen ließen. Vielen fallen bei dieser Übung auch dicke Menschen ein, die vor Kraft und Lebenslust nur so strotzen – obwohl Dicksein nicht dem gängigen Schönheitsideal entspricht. Das Geheimnis ihrer Ausstrahlung ist dann, dass sie sich so akzeptieren, wie sie sind. Sie sagen Ja zu sich und fühlen sich ganz offensichtlich wohl in ihrer Haut. Sie sind authentisch. Das kommt rüber!

1.3 Authentizität

Es ist modern geworden, Authentizität als zentrales Überzeugungsmittel einzufordern. Denn auf den ersten Blick spricht alles dafür, dass jemand umso glaubwürdiger ist, je mehr er sich zeigt, wie er ist. Dieser Mensch spielt kein falsches Spiel und wir wissen, woran wir bei ihm sind. Wer möchte nicht, dass wir offen und ehrlich miteinander umgehen?

Nach einer Studie der Akademie für Führungskräfte in Überlingen und Bad Harzburg halten sogar über 60 Prozent der befragten Führungskräfte Authentizität für die wichtigste Führungseigenschaft. Selbstkritisch räumten allerdings die meisten von ihnen ein, dass sie gerade in Krisenzeiten dieses Ideal nicht einhielten.

Bei näherem Hinsehen verblasst jedoch die Eindeutigkeit, mit der auf den ersten Blick alles für die Authentizität zu sprechen scheint. Denn häufig ist gar nicht klar, was mit dem Begriff eigentlich gemeint ist. Vielleicht macht gerade diese Verschwommenheit und Ungenauigkeit seinen Erfolg aus. Was ist denn gemeint, wenn in vielen Ratgebern zu lesen ist: „Seien Sie authentisch! Zeigen Sie sich, wie Sie wirklich sind!"?

Der Begriff „authentisch" leitet sich vom griechischen „authentikós" her, was so viel wie „gültig", „echt" bzw. „glaubwürdig" bedeutet. In der Kanzleisprache des 16. Jahrhunderts war damit gemeint, dass etwas zuverlässig verbürgt ist. Ein Fachmann sicherte so die Echtheit eines Schriftstücks zu. Ursprünglich wurde unter Authentizität also eine Wirkungskategorie verstanden, weil die Zuschreibung „echt" von fachkundigen Gewährsleuten stammte. Mit der Zeit ist daraus eine Ausdruckskategorie geworden, die besagt, dass der Ausdruck eines Menschen seiner inneren Gefühlslage entspricht.

> Der unverfälschte Gefühlsausdruck ist das, was wir heute unter Authentizität verstehen.

Offen – ehrlich – rollenbewusst

Nun haben wir festgestellt, dass die meisten Menschen eine offene und ehrliche Art schätzen, weil sie dann wissen, woran sie beim anderen sind.
Aber stimmt das denn tatsächlich ohne Einschränkung? Wollen Sie wirklich mit den Darmproblemen Ihres Autoverkäufers oder mit den Versagensängsten Ihrer Chefin gegenüber ihrem Vater behelligt werden? Wahrscheinlich nicht. Denn im Allgemeinen schätzen wir es nicht, wenn jemand „aus der Rolle" fällt. Wir haben ganz bestimmte Erwartungen an das Verhalten unserer Mitmenschen. Diese Erwartungen gleichen festen Spielregeln und ermöglichen ein reibungsloses Miteinander. Werden sie erfüllt, honorieren wir das.

Das heißt im Endeffekt nichts anderes, als dass wir widersprüchliche Erwartungen aneinander richten: Zum einen sollen sich unsere Mitmenschen gemäß den üblichen Verhaltensweisen verhalten, zum anderen aber auch echt und unverstellt. Da tut sich ein Widerspruch auf, der im naiven Verständnis von Authentizität schlicht übersehen wird.
Dieser Widerspruch ist aber nur dann unlösbar, wenn man – wie die naiven Authentizitätsverfechter – im Rollenverhalten etwas Aufgesetztes und Falsches sieht. Für sie steht jeder Rollenspieler im Verdacht, etwas vorzugeben, was nur bloßen Konventionen entspricht, und damit sich selbst und anderen etwas vorzumachen.

Übung 5

Richten Sie Ihr Augenmerk auf Ihr Berufsleben. Welche Personen in diesem Umfeld finden Sie besonders authentisch? Was macht sie so glaubwürdig? Liegt es daran, dass sie immer ihr Inneres preisgeben oder erkennen Sie andere Ursachen?

Authentizität ist bewusste Natürlichkeit

Wer die soziologische Brille aufsetzt, erkennt sehr schnell, dass wir im gesellschaftlichen Leben gar nicht anders können, als Rollen zu spielen. Selbst wer sich weigert, bekommt in diesem Spiel ungefragt eine Rolle zugeteilt. Er ist dann eben der Verweigerer oder Quertreiber und wird entsprechend behandelt. Fazit:

> Es geht nicht um die Frage, ob wir Rollen spielen oder uns authentisch verhalten, sondern um die Frage, wie wir Rollen ausüben.

Rainer Niermeyer (Frankfurt a.M. 2008) behauptet deswegen, dass wir diejenigen Menschen für authentisch halten, die ihre Rolle glaubhaft spielen. Kommt diese Feststellung auch Ihren Ergebnissen aus der vorherigen Übung nahe?

Martin Salzwedel und Ulf Tödter (Berlin 2008) haben ein realistisches Authentizitätskonzept formuliert, bezogen auf das Anforderungsprofil von Führungskräften: *„Eine authentische Führungskraft spielt die von der Organisation geforderte Rolle in Einklang mit ihren eigenen, bewusst gewählten Wertvorstellungen. Eine Führungskraft ist authentisch, wenn ihre inneren Überzeugungen im äußeren Tun sichtbar werden und jeder Mensch im Umfeld weiß, wofür sie steht. Dazu muss sie sich selbst ein klares Werte-Fundament schaffen und dann tagesaktuelle Entscheidungen an diesem Gerüst von Grundwerten orientieren. So paradox es klingt, aber eine authentische Wirkung auf andere erwächst aus einer bewussten Natürlichkeit. Das setzt also zunächst Selbstreflexion und die Entwicklung eines stimmigen Selbstkonzeptes voraus. Bei der Selbstreflexion gilt es, die Architektur der eigenen Persönlichkeit zu kennen und zu akzeptieren."*

Übung 6

Welche sozialen Rollen füllen Sie gegenwärtig in Ihrem Leben aus? Konzentrieren Sie sich dabei auf die, die am meisten Zeit in Anspruch nehmen. Welche davon fallen Ihnen leicht, weil sie Ihrer Persönlichkeit und Ihren Stärken entsprechen? In welchen fühlen Sie sich unwohl und haben das Gefühl, sich dabei verstellen zu müssen?

Wer Sklave seiner Rolle ist, verliert seine Glaubwürdigkeit

Wir haben gesehen, dass die authentische Wirkung aus einer bewussten Natürlichkeit erwächst. Sie vermittelt den Eindruck, dass jemand entsprechend seinen Fähigkeiten am richtigen Platz im Leben steht, sich wohl in seiner Haut fühlt und mit den an ihn gestellten Erwartungen virtuos umgeht.

> Denn das zeichnet alle glaubwürdigen Rollenspieler aus: dass sie eine innere Distanz zu ihrer Rolle haben.

Andernfalls könnten sie ihre Rolle nicht so souverän und natürlich spielen. Wer Sklave seiner Rolle ist, hält die Fäden des Geschehens nicht mehr in der Hand und verliert damit seine Glaubwürdigkeit.

Übung 7

Nehmen Sie sich nochmals die Rollen vor, in denen Sie sich unwohl fühlen. Überprüfen Sie aus der nötigen Distanz heraus, ob Sie diese Rollen stärker auf Ihre ganz eigene Art ausfüllen können. Vielleicht orientieren Sie sich zu stark an Ihren Kollegen oder Bekannten und vergleichen sich mit deren Art. Haben Sie Mut, diese Rolle mehr in Ihrem ganz eigenen Sinne zu gestalten, oder entscheiden Sie sich, die Rolle anderen zu überlassen.

1.4 Eindeutigkeit

Am glaubwürdigsten erscheinen Menschen, die sich auch in schwierigen Situationen eindeutig verhalten. Sie vermitteln Standfestigkeit und geben anderen dabei eine verlässliche Orientierung.

> Um selbst in widersprüchlichen Situationen eindeutig auftreten zu können, ist eine Rollenklarheit unabdingbar.

Führungskräfte stehen schon allein aufgrund ihrer Funktion in einem Spannungsverhältnis von unterschiedlichsten Erwartungen. So sollen sie einerseits die Vorgaben der Geschäftsleitung umsetzen und z.B. weitere Einsparungen im Personalsektor ermöglichen. Auf der anderen Seite stehen die Erwartungen der Mitarbeiter, dass die Arbeitsintensität nicht noch weiter erhöht wird bzw. dass niemand entlassen wird.
Wer diese nur schwer zu vereinbarenden Ansprüche direkt an sich als Person adressiert versteht, müsste in solchen Situ-

ationen verzweifeln. Er wäre hin und her gerissen und dabei nicht handlungsfähig. Dabei würde er auch in den Augen seiner Mitarbeiter an Respekt verlieren, weil er schwankend und uneindeutig dastünde. Die Verwirrung der Führungskraft würde sich auf diese Weise „nach unten" fortsetzen und großen Schaden anrichten. Offenbar erwarten die Mitarbeiter nicht nur, dass die Führungskraft ihre Interessen im Blick hat, sondern eben auch, dass sie ihren Job macht und Orientierung gibt. Andernfalls könnte man auch nicht von Führen sprechen.

Eindeutig heißt nicht undifferenziert

Wenn unsere Führungskraft hier primär den Unternehmenszielen folgt und diesen zum Durchbruch verhilft, heißt das nicht, dass sie sich ungerührt gegenüber den zu erwartenden Erschwernissen aufseiten der Mitarbeiter zeigt.

> Mit der nötigen Rollendistanz darf der souveräne Rollenspieler durchaus sichtbar machen, dass er mit der getroffenen Entscheidung persönlich auch nicht ganz glücklich ist.

Gleichwohl lässt er aber eben auch keine Zweifel zu, dass die Entscheidung so steht und umgesetzt wird. Der Standpunkt ist damit eindeutig.

Rollenkonflikte sind das eine. Sie sind aufgrund der Konstellation in einem System schon gegeben, bevor ein bestimmter Rolleninhaber überhaupt auf die Bühne tritt. Deswegen ist die Rollenklärung so wichtig, um die zu ertragende Widersprüchlichkeit der Erwartungen nicht dem persönlichen Versagen zuzurechnen.

Daneben gibt es die ganz persönlichen inneren Widersprüche: Wir sind uns einer Sache selbst noch nicht so ganz sicher. Entsprechend äußern wir uns anderen gegenüber auch nicht eindeutig und entschieden. Wir stehen noch nicht mit ganzer Überzeugung hinter unserer Sache. Diese Schwäche und Kraftlosigkeit in unserer Argumentation kann von anderen leicht genutzt werden, um uns von unserem Anliegen wieder abzubringen.

Beispiel
Frau Kampmann ist Sekretärin in einem mittelständischen Metall verarbeitenden Unternehmen. Sie hat schon länger keine Gehaltserhöhung mehr bekommen und möchte in dieser Angelegenheit bei ihrem Chef vorstellig werden. Zu dem vereinbarten Termin trägt sie ihm Folgendes vor: *„Ich finde es schön, dass Sie sich extra Zeit für mich genommen haben. Ich wollte Sie schon länger mal sprechen wegen einer Sache ... also, ich meine, es fällt mir nicht leicht, aber ich dachte mir, das muss jetzt mal sein. Überall kriegen die Leute mehr Geld, und wir haben schon seit fünf Jahren keine Gehaltserhöhung mehr bekommen. Also, ich möchte mich ja nicht beklagen. Ich bin sogar sehr zufrieden hier. Nicht dass Sie mich falsch verstehen. Aber finden Sie nicht auch, dass wir mal wieder etwas mehr verdient hätten, wo doch auch sonst alles immer teurer wird? Darüber wollte ich mal mit Ihnen reden."*

Hier druckst jemand herum und führt einen „Eiertanz" auf. Diese innere Unklarheit lässt freilich keinerlei Überzeugungskraft spüren. Frau Kampmann müsste erst ihre inneren, widerstrebenden Kräfte in Einklang miteinander bringen, bevor sie das Wort an ihren Chef richtet. Denn eine eindeutige Kommunikation setzt innere Klarheit voraus. Bloß: Wie lässt sich diese erreichen?
Einen praktischen Ansatzpunkt liefert die Vorstellung, dass wir nicht „aus einem Guss" sind, sondern viele Persönlichkeitsanteile aufweisen. *„Zwei Seelen wohnen, ach, in meiner Brust"*, ließ schon Goethe seinen Faust seufzen. Ziehen die verschiedenen Anteile nicht an einem Strang, dann äußern wir uns zur Verwirrung der anderen widersprüchlich:

- Das kann sich in einer Inkongruenz zwischen Sprache und Körpersprache zeigen, wenn jemand z.B. mit eiserner Miene sagt: *„Es freut mich, Sie zu sehen."*
- Es kann sich aber genauso gut in der Verwendung von sprachlichen Weichmachern niederschlagen, wenn jemand z.B. häufig „eigentlich" sagt oder im Konjunktiv spricht und so die getroffenen Aussagen sofort wieder abschwächt.

Innere Teamentwicklung

Die Methode des „Inneren Teams" des Hamburger Kommunikationsexperten Friedemann Schulz von Thun (Reinbek 2008) bietet in solchen Fällen eine gut umsetzbare Möglichkeit der Selbstklärung. Sie weist den Weg vom inneren Durcheinander zum gut aufgestellten Team.

1. Schritt: Anhörung der Einzelstimmen

Die Selbstklärung beginnt damit, dass Sie in sich hineinhören und darauf achten, welche Regungen sich in Ihnen in Reaktion auf ein bestimmtes Thema melden.

Bei Frau Kampmann meldet sich z.B. gleich eine Stimme, die energisch sagt: *„Ich sehe das gar nicht ein, warum ich noch länger zurückstecken soll. Das steht mir schließlich zu!"* Prompt reagiert ein innerer Widersacher, der zu bedenken gibt: *„Hoffentlich nimmt der Chef mir das nicht übel. Ich möchte nicht, dass unser gutes Verhältnis darunter leidet."* Nach einer Pause kommt etwas zaghaft ein weiterer Einwand: *„Ich möchte auch nicht als raffgierig und egoistisch erscheinen."* Wenn sie dem inneren Geschehen noch eine Weile aufmerksam zuhört, wird Frau Kampmann weitere Wortmeldungen zu hören bekommen. Es wird deutlich, dass innerlich noch keine klare Linie vorhanden ist.

2. Schritt: Identifikation der Persönlichkeitsanteile

Nachdem Sie die Botschaften der Einzelstimmen zu Papier gebracht haben, können Sie dazu übergehen, diesen Persönlichkeitsanteilen Namen zu geben.

Frau Kampmann könnte ihre erste Stimme z.B. als „Kämpferin" bezeichnen und deren Gegenspielerin den Namen „Beziehungsorientierte" verleihen. Die dritte Stimme könnte sich als „Imagebewusste" outen.

Wenn die verschiedenen Anteile so weit identifiziert sind, kann deren Hauptbotschaft eventuell nochmals präzisiert werden. Denn die Aussagen sind klarer, wenn sie einer bestimmten Figur zugeordnet werden, als wenn sie wie zufällig aus dem Nichts auftauchen.

3. Schritt: Innere Ratsversammlung

Jetzt wissen Sie, mit wem Sie es innerlich zu tun haben und warum Sie nach außen hin nicht eindeutig auftreten konnten. Es herrscht ein inneres Durcheinander. Was Sie bis hierher jedoch schon gewonnen haben, sind Ansprechpartner für die weitere Klärung.

Um nach außen eine gemeinsame Position vertreten zu können, wird es notwendig sein, die bislang identifizierten Persönlichkeitsanteile „an einen Tisch zu bringen".

Das ist im Rahmen der Selbstklärung nicht anders als bei realen Teams. Wichtig ist, dass jeder ausreichend Gehör findet.

Der entscheidende Schritt findet statt, wenn Sie Ihre inneren Persönlichkeitsanteile danach befragen, welche positive Absicht sie mit ihrer Position verfolgen.

Denn oftmals werden Positionen sehr harsch vorgetragen. Solche Unnachgiebigkeit oder Bockigkeit hat ihren Grund dann möglicherweise in einer Gegnerschaft. Jede extreme Position ruft automatisch eine extreme Gegenposition hervor. Die Verhärtung lässt sich am besten überwinden, wenn das hinter der Position stehende Interesse gewürdigt wird. Jedes Verhandlungstraining lehrt schon, dass nur so wieder Bewegung in festgefahrene Positionen zu bringen ist.

So sorgt Frau Kampmanns Kämpferin dafür, dass ihr Gerechtigkeit widerfährt und sie entsprechend ihrer Leistung bezahlt wird. Da Kämpfer in ihrem Agieren oft undiplomatisch verfahren, ruft das sofort die Beziehungsorientierte auf den Plan, die sich sorgt, dass das gute Klima zwischen Frau Kampmann und ihrem Chef Schaden nehmen könnte. Das umso mehr, wenn das Anliegen lange Zeit zurückgehalten wurde und nun um so heftiger vorgetragen werden möchte.
Auf dem Weg zur inneren Teambildung verstehen die einzelnen Persönlichkeitsanteile langsam die positiven Absichten ihrer Mitspieler. Hat die Kämpferin die Beziehungsorientierte bislang nur als Rivalin gesehen, die ihr im entscheidenden Moment in den

Rücken fällt (was angesichts von Frau Kampmanns Zurückrudern vor dem Chef tatsächlich so ausgelegt werden muss), erkennt sie sie nun als diplomatische Verbündete eines gemeinsamen Anliegens. Es entsteht ein Teamgeist, der sich kraftvoll nach außen vermittelt und für die gewünschte Überzeugungskraft sorgt.

Übung 8

Suchen Sie sich ein Anliegen, für das Sie andere gerne gewinnen möchten und dabei die innere Klarheit und Standfestigkeit noch vermissen. Identifizieren Sie die inneren Mitspieler und ihre Botschaften zu dem Thema und berufen Sie eine innere Ratsversammlung ein, um ein schlagkräftiges Team aufzustellen. Nehmen Sie sich mindestens 15 bis 20 Minuten Zeit für diese Übung.

1.5 Im Brustton der Überzeugung

Wie sehr stehen Sie hinter Ihrer Sache? Jeder Zuhörer spürt sofort, ob Sie im Brustton der Überzeugung sprechen oder nicht. Die Überzeugungskraft hängt ganz entscheidend von Ihrem Sprechen und Auftreten ab. Nur wenn Sie kraftvoll sprechen und sich persönlich zeigen, gewinnen Sie die gewünschte Aufmerksamkeit und vertreten Ihr Anliegen wirkungsvoll. Wir haben dazu schon an den unabdingbaren Voraussetzungen gearbeitet. Jetzt geht es an den Feinschliff.

Sprechen Sie in der Aktivform

Erfolgreiche und charismatische Menschen sprechen aktiv. Damit drücken sie Eigenverantwortung und Tatkraft aus. In der Aktivform einer Satzkonstruktion tritt das Subjekt als Urheber des Geschehens auf. Der Sprecher zeigt sich damit. Das verleiht seinen Aussagen Kraft und Lebendigkeit.
Im Passiv gerät der Handelnde dagegen aus dem Blick. Es gibt jemanden im Verborgenen, der handelt und unerkannt

bleibt. In der Behördensprache ist die Passivform weit verbreitet. Ebenso bei Menschen, die sich als Opfer der Verhältnisse fühlen. Nicht zufällig wird das Passiv auch als Leideform bezeichnet. Diese Wirkung können Sie direkt an folgenden Äußerungen wahrnehmen:

> *„Wir sind überhaupt nicht informiert worden über die neue Richtlinie. Uns hat wieder mal niemand etwas gesagt."*

Wahrscheinlich möchten Sie solchen Klagen gar nicht lange zuhören, weil sie schlicht und einfach ermüdend sind. Und je mehr sich jemand so bedauert, regt sich in Ihnen wahrscheinlich der Wunsch, dass die entsprechende Person nicht nur klagen, sondern eben aktiv auf die Verhältnisse einwirken soll.

Die Sprachforscherin Roswitha Defersdorf hat die Beobachtung gemacht, dass Menschen mehr Passivsätze bilden, sobald sie von schwierigen Situationen berichten, in denen sie sich ausgeliefert fühlen. Nutzen Sie stattdessen auch schwierige Situationen als Herausforderung. Bilden Sie bewusst Aktivsätze! Strahlen Sie Handlungskompetenz aus!

Übung 9

Wandeln Sie die folgenden Passivsätze in Aktivsätze um.

Passiv: Die Produkte werden termingerecht abgeliefert.
Aktiv: *Ich liefere Ihnen die Produkte termingerecht ab.*

Passiv: Der Termin für die Verabredung kann von mir heute leider nicht eingehalten werden.
Aktiv: ______________________________

Passiv: Das Projekt wird von uns realisiert.
Aktiv: ______________________________

Passiv: Die Kosten werden von uns nicht übernommen.
Aktiv: ______________________________

Spüren Sie die unterschiedliche Wirkung der Sätze?

Kommen Sie auf den Punkt

Kompetenz vermitteln Sie auch, wenn Sie mit Ihren Aussagen direkt auf den Punkt kommen.

> Die Klarheit und Ordnung Ihrer Gedanken zeigt, dass Sie wissen, was Sie wollen. Das macht Sie glaubwürdig und überzeugend.

Holt jemand hingegen weit aus und verliert sich in Schachtelsätzen, geht die klare Linie verloren. Das mag bestenfalls als Ausdruck von Bildung gewertet werden, weil komplizierte Satzkonstruktionen erst eingeübt werden müssen.
Wer zielgerichtet auf den Punkt kommt, benutzt kurze und einfache Sätze. Genauso wichtig ist es, dass Sie am Ende des Satzes wieder die Stimme senken. So erlauben Sie sich Wirkung.
Wenn Sie mit der Stimme oben hängen bleiben, warten alle auf eine Fortsetzung Ihrer Gedanken. Der Punkt, auf den Sie hinauswollen, wird von den Zuhörern nicht erfasst; die Wirkung verpufft. Beim hektischen Sprechen ist das ganz offensichtlich. Außerdem sorgen Sie bei Ihrem Gegenüber für Verwirrung, wenn Sie bei einer Aussage mit der Stimme oben bleiben. Denn das entspricht der typischen Betonung bei Fragen. Damit haben Sie die Satzmelodie eines Fragesatzes auf die eines Aussagesatzes übertragen. Sie stellen Ihre Aussage also gleichzeitig infrage.

Übung 10

Hören Sie während eines Gesprächs bewusst auf Ihre Satzmelodie. Kleiden Sie Ihre Aussagen in so genannte Bogensätze? Diese bilden einen Bogen mit ansteigender Stimme zu Beginn und abfallender Stimme zum Ende hin. Falls Ihnen das schwerfällt, sprechen Sie – für sich allein – am Ende eines Satzes das Wort „Punkt“ bewusst aus. Das führt zum Innehalten und hilft, in Zukunft leichter auf den Punkt zu kommen.

Der Bogensatz ist im Übrigen ein hervorragendes Mittel, um Verzögerungspartikel wie „äh“, „ähm“ oder „mh“ zu verhindern. Diese Fülllaute treten meist dann auf, wenn jemand schneller weitersprechen möchte, als es die Sprachbildung zulässt.
Die nächsten Worte sind noch nicht gefunden, aber der Sprecher wagt es nicht, für einen Moment innezuhalten. Er füllt die Lücke dann mit diesen Lauten aus. Treten sie zu oft auf, stören sie die Zuhörer und untergraben deren Aufmerksamkeit. Der Sprecher wirkt dann unkonzentriert und kraftlos, und die Zuhörer beginnen, sich von ihm abzuwenden.

Vermeiden Sie sprachliche Weichmacher

Mit sprachlichen Weichmachern entkräften Sie Ihre Aussage schon im Moment des Aussprechens. Sie nehmen sich dadurch viel von der erhofften Wirkung. Eine häufig benutzte Form von sprachlichen Weichmachern ist der Konjunktiv, auch Möglichkeitsform genannt. Achten Sie bei den beiden folgenden Sätzen bitte auf die unterschiedliche Wirkung, die sie entfalten.

- *„Mich würde mal Ihre Meinung zu dem Thema interessieren.“*
- *„Wie denken Sie über das Thema?“*

Vermutlich fühlen Sie sich bei der zweiten Aussage stärker angesprochen. Hier drückt jemand direkt aus, was er von Ihnen wissen will. Die erste Aussage bleibt dagegen im unverbindlichen Raum stehen.
Die Möglichkeitsform wird häufig gewählt, um Wünsche indirekt zu äußern und dabei höflich zu bleiben. Diese Form der Zurückhaltung entkräftet Ihre Position jedoch ungewollt.

> Wer viel im Konjunktiv spricht, bewegt sich nicht in realen, sondern nur in denkbaren, hypothetischen Welten.

Er ist nicht im Hier und Jetzt und lässt die zum Überzeugen wichtige Tatkraft und Lebendigkeit vermissen.

Andere sprachliche Weichmacher sind z.B. die Worte „eigentlich“, „ziemlich“ oder „relativ“. Sie drücken Einschränkungen aus und nehmen die Wirkung des Gesagten im gleichen Atemzug wieder zurück. Problematisch sind diese Worte nur, wenn sie floskelhaft und unbewusst gebraucht werden und dadurch zu einer vagen Sprechweise führen. Dann ist es an der Zeit, klar und deutlich zu sprechen.

Übung 11

Formulieren Sie die folgenden Sätze mit Weichmachern (MW) in solche ohne sprachliche Weichmacher (OW) um und achten Sie auf die unterschiedlichen Wirkungen, die sie bei Ihnen auslösen.

MW: Ich würde sagen, dass …
OW: *Ich bin der Meinung, dass …*

MW: Eigentlich bin ich ganz zufrieden mit Ihrer Leistung.
OW: ______________________________

MW: Frau Müller hat sich ziemlich gut präsentiert vor der neuen Mannschaft.
OW: ______________________________

MW: Ich finde das neue Anwenderprogramm relativ schwierig.
OW: ______________________________

Überzeugende Körpersprache

Der Körper spricht immer mit, ob wir das wollen oder nicht. Sie haben die Wahl, ob Sie mit der Körpersprache das Gesagte sogleich wieder entwerten oder ob Sie es mit Nachdruck unterstreichen und bekräftigen.
Wer mit Ausstrahlung überzeugen möchte, darf sich nicht verstecken und kleinmachen. Präsenz gewinnen Sie, indem Sie bereit sind, Raum einzunehmen.

Bruno und Adamczyk berichten über ein aufschlussreiches Casting von Schauspielern. Es fand in einer großen, leeren Fabrikhalle statt. Der Regisseur saß hinter einem Tisch, weit entfernt von der Eingangstür. Die eintretenden Schauspieler mussten also einen weiten Weg zum Regisseur zurücklegen. Manche blieben gleich schüchtern und unentschlossen an der Tür stehen und warteten auf einen Zuruf. Andere traten bestimmt durch die Tür und schritten in den leeren Raum, gerieten dann aber auf halbem Weg in Zweifel und verlangsamten das Tempo. Die, die der Regisseur am Ende auswählte, ließen sich vom weiten und leeren Raum nicht einschüchtern – sie füllten ihn mit ihrer Präsenz aus.

Übung 12

Gehen Sie in einen geschlossenen, öffentlichen Raum und experimentieren Sie, wie es sich anfühlt, sich Raum zu nehmen. Stellen Sie sich vor, wie sich Ihre Energie oder Ihre Aura mit jedem Ausatmen weitet, bis zu den Wänden und der Decke. Spüren Sie beim Atmen, wie sehr Ihnen der Raum zusteht. Gestatten Sie sich Größe! Wirken Sie! Und dann bewegen Sie sich im Raum umher. Wahrscheinlich spüren Sie ganz selbstverständlich Würde und Offenheit.
Stellen Sie anschließend einen Vergleich an: Atmen Sie möglichst flach und versuchen Sie, mit Ihrer Ausstrahlung so wenig Raum einzunehmen wie möglich. So als wären Sie unsichtbar. Wie fühlt sich das an? Die meisten Menschen reagieren bei dieser Übung automatisch so, dass sie den Kopf senken und Blickkontakt vermeiden.

Füllen Sie den Raum aus

Wenn Sie sich erlauben, Raum einzunehmen, kommt vieles von selbst, was zu einer überzeugenden und glaubwürdigen Körpersprache gehört. Sie nehmen einen festen Stand ein und treten nicht von einem Fuß auf den anderen. Denn wer einen Standpunkt vermitteln möchte, ist nur glaubwürdig, wenn er mit beiden Beinen fest auf dem Boden steht.

Ihre Gestik ist offen und lebendig und unterstreicht das Gesagte. Wer steif und unbeweglich ohne Gesten zu anderen spricht, wirkt unbeteiligt und kann keine Begeisterung wecken. Vermeiden Sie auch Verlegenheitsgesten, denn sie vermitteln Unsicherheit und lassen Sie nicht kompetent erscheinen. Zu Verlegenheitsbewegungen zählen …

- fahrige Bewegungen,
- Zupfen am Ohrläppchen,
- häufiges Berühren der Nase,
- Spielen mit Gegenständen in der Hand,
- Festhalten an Möbelstücken,
- schiefe Kopfhaltung und
- unsicheres Lächeln.

Auch das Verschränken der Arme vor oder hinter dem Körper signalisiert eine innere Blockade.

> Das Geheimnis einer überzeugenden Körpersprache besteht hauptsächlich im Unterlassen einer blockierten Haltung, Mimik und Gestik.

Das ist Erfolg versprechender als antrainierte Körperhaltungen. Die wirken aufgesetzt und machen Ihren Gesprächspartner erst misstrauisch. Er spürt die Inkongruenz zwischen verbalem und nonverbalem Ausdruck und ist so nicht zu gewinnen.

Was können Sie also tun? Werden Sie sich zunächst Ihrer Körpersprache bewusst. Denn unterlassen können Sie nur etwas, das Ihnen zuvor aufgefallen ist. Üben Sie sich im „Raum einnehmen“ und machen Sie sich vor schwierigen Gesprächen locker.

Das ist leichter gesagt als getan, wenn der Stress in solchen Situationen zuschlägt. Denn es ist eben der als negativ empfundene Stress, der zu inneren Blockaden führt und uns die Lockerheit nimmt. In solchen Fällen hilft ein Griff in die Notfallapotheke sogar noch unmittelbar vor dem heiklen Gespräch: Es handelt sich dabei um eine einfache Atemübung, die zugleich als Stimmtraining wirkungsvoll ist.

Übung 13

Atmen Sie langsam auf den Konsonanten „f" aus, sodass Ihr Atem nur noch durch den Spalt zwischen den oberen Vorderzähnen und der Unterlippe entweichen kann. Tun Sie das bis zum Ende des Ausatmens. Sie werden feststellen, wie das Einatmen anschließend wie von allein, nämlich reflektorisch geschieht. Sie müssen dann nicht mehr nach Luft ringen, wie unter der angespannten Stressatmung üblich, sondern lassen den Atem mit Genuss einströmen. Tun Sie das mehrere Male, bis Sie die einsetzende Entspannung spüren. Genießen Sie die gewonnene Souveränität.

Der häufig vernommene Ratschlag, bei Stress erst einmal tief durchzuatmen, ist also nur teilweise richtig. Wenn damit gemeint ist, dass Sie tief einatmen sollen, ist das falsch. Denn wenn Sie vor dem Sprechen nochmals tief einatmen, verstärken Sie die Anspannung nur. Das tiefe Ausatmen hingegen führt zu der erhofften Entspannung und Lockerheit, die Ihren Körper wieder frei sprechen lässt.

Kraft und Resonanz in der Stimme

Im Brustton der Überzeugung zu sprechen gelingt nur mit einer kraftvollen und resonanzreichen Stimme. Die volle Stimme vermittelt Kompetenz und schenkt Ihnen das Gehör Ihrer Gesprächspartner. So hört man Ihnen gerne zu. Im Wesentlichen gibt es drei Voraussetzungen, die eine kraftvolle Stimme ermöglichen:

- gute Körperspannung,
- weite Resonanzräume,
- tiefe Atmung.

Wenn Sie zu angespannt sind, klingt Ihre Stimme hoch und eng, vielleicht sogar schrill. Wenn Ihre Körperspannung hingegen zu niedrig ist, klingen Sie monoton und matt. Damit geben Sie viel über Ihre Persönlichkeit preis:

- Wer abgehackt spricht, zeigt Übereifer und eine ausgeprägte innere Kontrolle.
- Spricht jemand hektisch und zu schnell, können wir eine innere Unruhe und Getriebenheit vermuten.
- Wer bevorzugt haucht, klingt wie ein Romantiker. Das wirkt in bestimmten Situationen äußerst verführerisch, im Arbeitsalltag jedoch nur abgehoben und verträumt.
- Ein matter Ton lässt auf wenig Engagement und Tatkraft schließen.

Finden Sie Ihre natürliche Stimmlage

Auch die Tonhöhe hat einen wichtigen Einfluss auf unsere Glaubwürdigkeit. So werden tiefe Stimmen als angenehmer und kompetenter wahrgenommen – es sei denn, es klingt mit Unterspannung bräsig und damit selbstgefällig.

Interessanterweise klingen die Stimmen von Frauen in Machtpositionen tiefer als die ihrer Geschlechtsgenossinnen in weniger einflussreichen Positionen.

Es geht nicht darum, die Stimmlage künstlich zu verändern. Das würde Ihre Stimme nur belasten. Zum Glück haben wir alle eine natürliche Sprechstimmlage, die unserer Anatomie entspricht. Sie ist meist etwas tiefer als wir üblicherweise sprechen, klingt warm und angenehm. Mit einer einfachen Übung können Sie immer wieder dorthin zurückfinden.

Übung 14

Stellen Sie sich vor, wie Ihnen jemand Ihr Lieblingsessen serviert. Sie riechen den angenehmen Duft und Ihnen läuft das Wasser im Mund zusammen. Kauen Sie genüsslich und machen Sie dazu wohlige Töne auf „mmmh“ und „mnjom“. Sprechen Sie nach mehrmaliger Wiederholung dieser Töne zur Probe ganze Sätze, zum Beispiel: „Ich fühle mich wohl.“ Achten Sie darauf, wie Sie jetzt klingen. Das entspricht Ihrer natürlichen Stimmlage.

Resonanzräume erschließen

Unsere Stimmbänder allein würden nicht ausreichen, um einen vollen Ton zu erzeugen. Töne entstehen zunächst durch die an den Stimmbändern vorbeiströmende Luft. Das versetzt die Stimmbänder in Schwingung. Die so entstandenen Töne verstärken sich, wenn sie auf Resonanz stoßen.
Mit Resonanz ist gemeint, dass die von einem Tonträger erzeugten Schwingungen sich auf andere Körper übertragen. Beim Klavier ist es der große Resonanzboden, der die Schwingungen der Saiten aufnimmt und verstärkt. Beim Menschen eignen sich die Hohlräume im Kopf- und Brustbereich dazu.
Besonders wichtig ist dabei das so genannte Ansatzrohr, womit die Hohlräume oberhalb der Stimmbänder bezeichnet werden. Dazu zählen die Rachen-, Mund- und Nasenhöhle. Wenn Sie also mit einer vollen und raumfüllenden Stimme sprechen wollen, ist es hilfreich, das Ansatzrohr zu vergrößern.

Übung 15

- Gähnen Sie mal wieder so richtig herzhaft mehrmals hintereinander. Das mag erst etwas gekünstelt sein, aber schon bald wird sich ganz von allein der Gähnreflex einstellen.
- Stellen Sie sich vor, Sie hätten eine Rose in der Hand. Saugen Sie nun genüsslich ihren Duft ein.
- Summen Sie und lassen Sie den Ton innerlich in immer weitere Räume tragen.

Bewusst die Bauchatmung aktivieren

Die volle Stimme braucht genügend Atemluft. Das erreichen wir am besten durch eine kombinierte Brust- und Bauchatmung. Wenn Sie nur die Brustatmung zur Verfügung haben, ist Ihr Atem flach und die Stimme kraftlos.

Auch leisen oder zittrigen Stimmen fehlt es an ausreichendem Atem.
Zu einem vollen Klang muss noch die tiefe Bauchatmung kommen, die uns durch die Tätigkeit des Zwerchfells zusätzliche Atemluft schenkt. Das Zwerchfell, dieser große Atemmuskel, wird von den meisten nur beim unangenehmen Seitenstechen bewusst wahrgenommen. Er lässt sich aber wie jeder andere Muskel trainieren.

Übung 16

Ahmen Sie das typische Auspuffgeräusch einer anfahrenden Dampflokomotive nach: „fh, fh, fh …“ Bauen Sie den Luftdruck mit dem „f“ auf und stoßen Sie ihn ruckartig mit dem „h“ aus. Lassen Sie Ihre Lokomotive dabei immer schneller in Fahrt kommen.
Wenn Sie Ihre Hand dabei auf das Sonnengeflecht legen (also an die Stelle, an der die Rippen an das Brustbein stoßen), können Sie an den ruckhaften Bewegungen spüren, wie Ihr Zwerchfell arbeitet. Das ist ein optimales Training für den Atemmuskel.

2 Logisch argumentieren

Stellen Sie sich vor, Ihr Gesprächspartner ist in einer Diskussion anderer Meinung als Sie. Wenn Sie ihn nun von Ihrer Sichtweise überzeugen wollen, dann brauchen Sie gute Gründe, denen er sich anschließen kann. Ansonsten können Sie seine Zustimmung nur durch Überreden erreichen.
Mit diesem Kapitel sind wir im Kerngebiet der Dialektik angelangt. Denn ohne Argumente gelingt schlichtweg keine Überzeugung. Um so erstaunlicher, dass in den meisten aktuellen Ratgebern zum Überzeugen das logische Argumentieren zugunsten der Psychologie aufgegeben wurde. Damit wird eine große Stärke der Dialektik verschenkt.
Die Dialektik (griechisch für „sich unterreden", „disputieren") ist ja die Lehre, die vorgetragene Meinungen im Gespräch auf ihre Gründe zu hinterfragen weiß. Ihr Herzstück ist die Logik, deren Begriff früher synonym mit dem der Dialektik gebraucht wurde.
Ohne dass wir heute in der Dialektik eigens geschult sind, spüren wir oft intuitiv, wenn sich jemand in Widersprüche verwickelt. Wir konfrontieren ihn dann mit Aussagen wie: *„Das ist aber unlogisch"* oder *„Das ist doch kein Argument"*. Wir reklamieren damit die fehlenden Gründe in einer Argumentation und weisen so den Geltungsanspruch unseres Gesprächspartners zurück. So kann er uns nicht kommen!

Übung 17

Erinnern Sie sich einmal daran, wann Sie in letzter Zeit jemanden als unlogisch oder unvernünftig empfunden haben? Was genau kreiden Sie diesem Menschen an? An welcher Stelle in seiner Argumentation blieb er Ihnen nachvollziehbare Gründe schuldig? Versuchen Sie, sich möglichst genau an den Wortlaut zu erinnern.

Logik deckt Schwachstellen in der Argumentation auf

Es ist im Bereich der Logik nicht anders als bei der Grammatik: Vieles läuft beim Gebrauch unbewusst ab. Wer kann schon ausdrücklich die Regeln der Grammatik wiedergeben? Und dennoch merken Sie ziemlich genau, ob jemand grammatisch korrekt spricht oder nicht.
Die meisten von uns haben auch ein recht zuverlässiges Bauchgefühl dafür, ob etwas logisch ist oder nicht. Nur fällt es oft schwer, die Schwachstelle in der Argumentation des anderen zu benennen.

> Das aber ist die Voraussetzung dafür, dass wir klar sagen können, was uns an seinem Vorschlag nicht überzeugt.

Denn schließlich sind Überredungskünstler exakt darauf geeicht, unseren kritischen Verstand auszuschalten, damit wir die fehlende Logik nicht bemerken. Sie geben ihrer Sache nur den Anstrich einer guten Begründung – und das oft nach allen Regeln der Kunst.
Lassen Sie uns deswegen hier etwas genauer unter die Lupe nehmen, was logisches Argumentieren heißen kann und wie es funktioniert. Je bewusster Ihnen das wird, umso klarer und treffender können Sie Ihre Gedanken äußern. Der Argumentation verleiht das mehr Prägnanz und Stichhaltigkeit. Wer sich darin übt, wird unweigerlich erkennen, dass sich dadurch das eigene Selbstbewusstsein stärkt. Sie fühlen sich in zukünftigen Auseinandersetzungen einfach besser gewappnet.

2.1 Was ist Argumentieren?

Wer argumentiert, bietet dem Gesprächspartner einen Grund für seine Behauptung. Er versucht einen Nachweis anzubieten, der dem anderen plausibel erscheint. Argumentiert werden muss natürlich nur, wenn die Gesprächspartner verschiedener Meinung sind. Nur dann braucht die Wahrnehmung des Gegenübers verändert zu werden.

Und was gilt als Grund in diesem Beweisgang, der Argumentation genannt wird? Kurz gesagt diejenige Aussage, die von Ihrem Gesprächspartner nicht bestritten wird: Das Verbindende. Schauen wir uns das an einem Beispiel an:

Beispiel
Axel behauptet, Harry sei ein guter Musiker. Wird diese Aussage von Birgit bestritten, muss Axel seine Aussage begründen, um Birgit zu überzeugen. Was könnte er als Grund für seine Behauptung nennen? Etwas, dem Birgit zustimmen kann. So kann er sie zum Beispiel darüber informieren, dass Harry Mitglied der Berliner Philharmoniker ist. Wenn Birgit etwas über die Qualität der Berliner Philharmoniker weiß, dann wird sie vielleicht erstaunt und anerkennend nicken und mit einem *„Ach so. Das wusste ich gar nicht!“* antworten. Aus dem Bestreiten wäre eine Zustimmung geworden.

Mit diesem Beispiel im Rücken können wir uns jetzt an eine Definition machen:

> Ein Argument überführt durch den Rückgriff auf eine gemeinsam anerkannte Aussage eine bestrittene in eine unbestrittene Aussage. Oder kürzer: p gilt, weil q gilt.

Zunächst bestand hier eine von Birgit bestrittene Aussage. Axel sucht daraufhin einen festen, tragfähigen Grund für seine Aussage. Er weiß, das kann nur eine gemeinsam anerkannte Aussage sein. Implizit lautet sie: Bei den Berliner Philharmonikern spielen nur gute Musiker (und Harry ist ein Mitglied von ihnen).

Logik ist die Lehre des schlussfolgernden Denkens

Die Kunst des klugen Argumentierens besteht darin, in die Diskussion Voraussetzungen einfließen zu lassen, die die Gesprächspartner zu akzeptieren bereit sind.

Die Logik zeigt uns auf formale Weise, wie das geht:

Prämisse 1:	Bei den Berliner Philharmonikern spielen nur gute Musiker.
Prämisse 2:	Harry spielt bei den Berliner Philharmonikern.
Schlussfolgerung:	Harry ist ein guter Musiker.

Diese Anordnung der drei Sätze nennt man einen Syllogismus. Er ist das Grundmuster analytischen Schließens. Wie gesehen, besteht er aus zwei Vorannahmen (Prämissen), dem Obersatz und dem Untersatz, sowie der daraus folgenden Schlussfolgerung (conclusio).
Sie merken, wir sind bei der Logik gelandet. Logik ist die Lehre des schlussfolgernden Denkens. Statt auf den Inhalt von Sätzen achtet sie auf die Gültigkeit von Ableitungen und Relationen. Immer wenn Sie zum Beispiel sagen, dass etwas nicht schlüssig oder unlogisch sei, dann nehmen Sie automatisch Bezug auf die Logik.
Jetzt könnte man einwenden, dass so doch niemand spricht im Alltag. Das stimmt. Meist denken wir die Prämissen nur unausgesprochen mit.

Axel erwähnte hier auch nur den Untersatz, dass Harry bei den Berliner Philharmonikern spielt. Über deren Qualität äußerte er sich nicht ausdrücklich. Er ging schlicht von Birgits Kenntnis aus. Wüsste sie nichts darüber, wäre sie sicher die falsche Adressatin. Denn die Äußerung erfüllte nicht die Bedingung der gemeinsam anerkannten Aussage.

Also: Warum diese doch recht umständliche Übertragung einer einfachen Äußerung in die dreigliedrige Form des logischen Schließens?

Weil wir im Syllogismus am deutlichsten erkennen können, auf was es ankommt, wenn Sie erfolgreich argumentieren wollen: auf die ansonsten unausgesprochenen, lediglich mitgedachten Prämissen!

Erfolgreich ist, wer die Prämissen seiner Gesprächspartner kennt

Die wichtigste Erfolgsbedingung für den Argumentierenden ist also, dass er die Prämissen seines Gesprächspartners kennt. Die Prämisse ist nämlich der Ort des Fraglosen und Unbestrittenen. Hier finden Sie die gesuchte Akzeptanz. Hier müssen Sie folglich ansetzen. Denn eine gelungene Argumentation verschränkt das Unbestrittene so mit dem zunächst Bestrittenen, dass das Zweite im Ersten aufgeht.

> Die Form des Syllogismus bietet ein ausgezeichnetes Analyseinstrument, um die Schwachstellen in der eigenen oder fremden Argumentation ausfindig zu machen.

Sie erkennen damit schnell, ob eine Begründung schlüssig ist oder nicht. Wenn Sie also wieder einmal das vage Gefühl verspüren, dass jemand unlogisch spricht oder schwache Argumente benutzt, dann führen Sie das Gespräch auf die bislang unausgesprochenen Prämissen. Sprechen Sie diese offen an und fragen Sie Ihren Gesprächspartner, ob er daraus tatsächlich die geforderten Schlüsse ziehen will.

Übung 18

Notieren Sie sich in Ihrer nächsten Teambesprechung die Argumentation einer Person, mit der Sie gelegentlich oder des Öfteren aneinandergeraten sind. Analysieren Sie die Argumentation nach dem Muster des Syllogismus und überprüfen Sie, ob die Schlussfolgerung von den beiden Voraannahmen getragen wird.

2.2 Plausible Argumentationsmuster

Bis jetzt haben wir ganz allgemein behandelt, wie eine Argumentation beschaffen sein muss, damit die Schlussfolgerung als gerechtfertigt gelten kann. Wir haben gesehen, dass man einer Schlussfolgerung logischerweise zustimmen muss, wenn die beiden Prämissen nicht in Zweifel gezogen werden. Der Schluss ist dann zwingend und lässt keine andere Folgerung zu. Deswegen hat der Philosoph Jürgen Habermas auch vom „zwanglosen Zwang“ der Argumente gesprochen.

Die Dialektik hat des Weiteren einen Argumentekatalog mit plausiblen Argumentationsmustern zur Verfügung gestellt. Diese Muster geben wie eine Schablone auch für die inhaltliche Ebene einen sinnvollen Zusammenhang zwischen den Prämissen und der Schlussfolgerung vor. Das erleichtert dem Argumentierenden das Auffinden guter Argumente.
Sie werden als plausible Argumentationsmuster bezeichnet, weil ihre Schlüsse keine unumstößlichen Wahrheiten ausdrücken, sondern nur Aussagen, die wahrscheinlich und plausibel sind (plausus = Beifall; plausibel = des Beifalls fähig). Das liegt daran, dass auch die Prämissen des Alltags selten so eindeutig sind, dass daraus entsprechend eindeutige Schlüsse gezogen werden könnten.
Der Sprachwissenschaftler Manfred Kienpointner stellt in seinem Buch „Vernünftig argumentieren“ 30 solcher Argumentationsmuster vor. Aus praktischen Erwägungen erläutern wir Ihnen hier im Folgenden nur eine Auswahl an Mustern, und zwar:

- Einordnungsschlüsse,
- Kausalschlüsse,
- Vergleichsschlüsse,
- Gegensatzschlüsse,
- Beispielschlüsse,
- Autoritätsschlüsse und
- Trugschlüsse.

Die meisten dieser Argumentationsmuster verwenden Sie vermutlich mehr oder weniger unbewusst. Die gezielte Verwendung klärt jedoch das Denken und stärkt dabei die Argumentationsfähigkeit.

Einordnungsschlüsse

Einordnungsschlüsse kann man auf verschiedenen Grundlagen ziehen:

- aus einer Definition,
- aus Teil und Ganzem und
- aus Werten.

Einordnungsschlüsse aus der Definition

Grundlage für Schlüsse nach diesem Muster bildet die inhaltliche Entsprechung von Definition und definiertem Gegenstand. Definition und das von ihr Definierte gelten dann als austauschbar. Die Regel lautet:

> Was für die Definition gilt, gilt auch für das von ihr Definierte (und umgekehrt).

Beispiel
Wenn zum Führen die Übernahme von Verantwortung gehört, dann muss A jetzt endlich seinen Hut nehmen, weil er als Führungskraft unverantwortlich gehandelt hat.

Einordnungsschlüsse aus Teil und Ganzem

Bei dieser Form der Argumentation werden Schlussfolgerungen zwischen den Teilen und ihrer Gesamtheit hergestellt. Die Regel lautet:

> Was für das Ganze gilt, gilt auch für die Teile (und umgekehrt).

Beispiel
Hierzu passt das oben erwähnte Beispiel von den Berliner Philharmonikern, in dem von der Qualität des Orchesters auf die Fähigkeiten des einzelnen Musikers geschlossen wurde. Ein Beispiel für den Schluss vom Teil auf das Ganze wäre: Einige Teile des Autos rosten ziemlich schnell. Dann kann die Qualität des ganzen Autos nicht sehr gut sein.

Einordnungsschlüsse aus Werten

In der Werteargumentation wird gezeigt, dass eine Handlung A zur Verwirklichung eines Wertes X beiträgt und deswegen ausgeführt werden sollte. Die Regel lautet:

> A soll getan werden, weil dadurch der Wert X realisiert wird.

Beispiel
Es ist ein Gebot der Gerechtigkeit, dass Frauen und Männer den gleichen Lohn für gleiche Arbeit erhalten. Deswegen sollten Frauen auch in diesem Unternehmen ab sofort gleich gut wie Männer entlohnt werden.

Kausalschlüsse

Eine besonders wichtige Rolle in unserer Alltagsargumentation spielen Kausalschlüsse, in denen wir Aussagen über den Zusammenhang von Ursache und Wirkung treffen. Wer vor Gefahren warnt und auf die positiven Folgen von nötigen Handlungen hinweist, argumentiert bereits mit Kausalschlüssen.

Logisch zwingend ist ein solcher Schluss allerdings nur, wenn das eine Ereignis (Ursache) nicht hinweggedacht werden kann, ohne dass damit der Erfolg (Wirkung) entfiele. Dann spricht man von einer notwendigen Bedingung.

Beispiel
Frau Meißner ist nur dann bereit, die Projektleitung zu übernehmen, wenn sie dafür eine Assistentin bekommt.

Eine hinreichende Bedingung liegt hingegen vor, wenn ein Ereignis genügt, um eine bestimmte Wirkung eintreten zu lassen – und andere Bedingungen aber zu derselben Wirkung führen würden.

Beispiel
Wenn die Züge am Freitag planmäßig verkehren, dann kommt Frau Meißner pünktlich zu unserem Besprechungstermin.

Eine notwendige Bedingung *muss,* eine hinreichende Bedingung *kann* vorliegen, um die eingetretene Wirkung zu verursachen.

Diese Unterscheidung ist auch für die Gültigkeit eines Umkehrschlusses von Bedeutung. Denn ein Umkehrschluss ist immer nur im Fall einer zwingenden Kausalität zulässig.

Vergleichsschlüsse

Wer in seiner Argumentation einen Vergleich benutzt, behauptet, dass die Situation A der Situation B ähnlich sei und deswegen vergleichbar behandelt werden müsse.

Beispiel
In Frankreich hat man mit der neuen Unternehmenssteuer sehr gute Erfahrungen gemacht. Was in unserem Nachbarland funktioniert, wird bestimmt auch hier gelingen.

Eine besondere Art des Vergleichsschlusses ist der so genannte Erst-recht-Schluss. Er taucht in zwei Varianten auf: als Argumentation „a maiore“ und als Argumentation „a minore“.

Argumentation „a maiore“

Die Argumentation „a maiore“ (vom Größeren ausgehend) besagt: Wenn sogar der wahrscheinlichere Fall nicht eintritt, dann wird der weniger wahrscheinliche Fall erst recht nicht eintreten.

Beispiel
Wenn schon die beste Absolventin keine Stelle gefunden hat, dann haben durchschnittliche Absolventen gar keine Chance auf dem Arbeitsmarkt.

Argumentation „a minore“
Die Argumentation „a minore“ (vom Kleineren ausgehend) besagt: Wenn sogar der weniger wahrscheinliche Fall eintritt, dann wird der eher wahrscheinliche Fall erst recht eintreten.

Beispiel
Wenn sogar Gabi mit ihrer Examensnote eine Stelle gefunden hat, dann müssten in diesem Jahr alle Absolventen einen Arbeitsplatz finden.

Gegensatzschlüsse

Es ist ein Gebot vernünftigen Diskutierens, dass man sich nicht in Widersprüche verwickelt. Wenn eine Sache eine bestimmte Eigenschaft aufweist, dann kann sie logischerweise nicht zur selben Zeit eine entgegengesetzte Eigenschaft aufweisen. Diese Logik des Nichtwiderspruchsprinzips wird zum Beispiel bei Entweder-oder-Argumenten angewendet.

Beispiel
Schlägt jemand im Café vor, nun entweder aufzubrechen oder noch etwas zu bestellen, dann kann man vernünftigerweise nicht eine weitere Tasse Kaffee bestellen und gleichzeitig das Café verlassen.

Logisch zwingend heißt es: Entweder A oder B. Wenn nicht A, dann B.

Beispielschlüsse

Beispiele werden in einer Rede auf zweierlei Art verwendet:
- Einmal illustrativ als zusätzliche Veranschaulichung des bereits Vorgebrachten. Konkrete Beispiele sollen die Verständlichkeit dabei erhöhen.
- Zum anderen argumentativ, indem sie verallgemeinernd (induktiv) eingesetzt werden. Dann wird aus einigen Beispielen auf eine allgemeine Regel geschlossen.

Die Beispiele (in Ausnahmefällen reicht auch *ein* sehr schlagkräftiges Beispiel) müssen sich als typisch erweisen, weil die Argumentation sonst sehr schnell durch ein Gegenbeispiel widerlegt werden kann. Deswegen empfiehlt sich auch keine absolute Verallgemeinerung („alle“, „niemand“, „immer“), sondern bloß einschränkende Schlussfolgerungen („die meisten X haben die Eigenschaft Y“). Diese können durch ein Gegenbeispiel noch nicht widerlegt werden.

Autoritätsschlüsse

Auch die Berufung auf eine Autorität kann ein plausibles Argument abgeben. Wir können uns nicht in jedem Gebiet auskennen, sondern müssen uns immer wieder auf das Wissen von Experten verlassen. Ist dieser Experte allgemein als Autorität anerkannt, dann stützt der Rückgriff auf dessen (unstrittige) Aussagen die bislang strittige Behauptung des Redners argumentativ ab. Die Autoritätsmeinung soll die Aussage des Redners als zutreffend verbürgen.
Als Autorität kann man in einer Diskussion auch seine eigene Person einbringen, indem man auf seine praktischen Lebenserfahrungen und erworbenen Kompetenzen verweist.

Beispiel
„Als alleinerziehende Mutter kann ich Ihnen aus eigener, langjähriger Erfahrung sagen, dass die Betreuungszeiten in den Kindertagesstätten viel zu kurz sind.“

2.3 Vorsicht: Trugschlüsse

Trugschlüssig wird dann argumentiert, wenn die Aussage nur scheinbar den Gesetzen der Logik folgt. Im Bereich der plausiblen Argumentationsmuster ist das oft eine Gratwanderung.
So kommt es bei den Einordnungsschlüssen aus der Definition entscheidend darauf an, dass die Definitionen nicht auf

doppeldeutigen und schwammigen Begriffen beruhen. Denn aus diesen ließe sich alles und zugleich auch nichts ableiten.

Deswegen ist es wichtig, dass Sie Ihre Begriffe auf Nachfrage gut definieren können.

Definitionen (lat. Abgrenzungen) bestimmen einen Begriff durch Entfaltung seiner notwendigen Merkmale. Dafür wird der zu bestimmende Begriff in einen größeren Zusammenhang gestellt und zusätzlich mit einschränkenden Merkmalen versehen. Seit Aristoteles wird dabei folgende Regel angewendet: Bestimme den nächsthöheren Gattungsbegriff und das die Art bestimmende Unterscheidungsmerkmal.

Beispiel
Wenn also der Begriff „Schimmel" zu definieren ist, dann benutzen Sie den nächstliegenden Gattungsbegriff „Pferd" und setzen das Merkmal hinzu, das den Schimmel von anderen Pferden unterscheidet: Ein Schimmel ist ein weißes Pferd.

Übung 19

Definieren Sie nach diesem Schema die Begriffe:
- Mädchen: ________________________________
____
- Lob: ________________________________
____
- Reklamation: ________________________________
____

Bei der Vergleichsargumentation wird es trugschlüssig, wenn die Vergleiche sich auf unwichtige und nicht relevante Gemeinsamkeiten beziehen. Im Alltag wehren wir uns dagegen, wenn wir jemandem vorwerfen, dass er „Äpfel mit Birnen" vergleicht. In solchen Fällen „hinkt" der Vergleich.

Achten Sie darauf, dass die angeführte Gemeinsamkeit von entscheidender Relevanz ist.

Der Gegensatzschluss wird dann zum Trugschluss, wenn mehr als die erwähnten Alternativen vorliegen. Dann haben wir es mit einer unfairen Schwarz-Weiß-Malerei zu tun, die den Gesprächspartner unter Druck setzen soll.

Beispiel
Der Chef äußert sich gegenüber seiner Assistentin: *„Sie sehen selbst, dass Ihr Vorschlag einige Ungereimtheiten aufweist. Deswegen bleibt uns nichts anderes übrig, als bei meinem Entwurf zu bleiben."*

Das Autoritätsargument wird trugschlüssig, wenn es zu einer unkritischen Haltung aufrufen möchte. So ist nichts dagegen einzuwenden, wenn jemand eigene Erfahrungen anführt. Doch Betroffenheit allein ist noch kein Argument. Denn Gefühle und Erfahrungen lassen sich nicht kritisieren. Sie sind Tatsachen. Einer kritischen Betrachtung können nur die daran geknüpften Annahmen unterzogen werden. Trotzdem ist es mittlerweile fast alltäglich geworden, Gefühle als Gewährsträger für Wahrheit zu nehmen. Auch da schlägt das naive Authentizitätsverständnis zu Buche.

Eine besondere Form des Trugschlusses ist der so genannte Zirkelschluss. Ein Zirkelschluss liegt vor, wenn jemand seine Position mit genau dieser Position zu begründen versucht. Er dreht sich dann im Kreis – wie von einem Zirkel gezogen. Etwas Neues wird nicht hinzugefügt.

Beispiel
„Ich bin mir sicher, dass Herr Müller die Wahrheit sagt."
Einwand: *„Was macht Sie denn so sicher?"*
Antwort: *„Herr Müller würde nie die Unwahrheit sagen, da bin ich mir ganz sicher."*

Sie merken, dass der Sprecher hier keine Gründe für seine Ansicht geliefert hat. Oftmals fällt ein Zirkelschluss nicht so leicht auf, da unterschiedliche Worte für die gleiche Behauptung benutzt werden.

Beispiel
Die Gerechtigkeit verlangt, dass die 40-Stunden-Woche wieder in allen Arbeitsbereichen eingeführt wird. Denn es ist ein Gebot der Fairness, dass alle Arbeitnehmer gleich lang arbeiten müssen.

Wenn Diskussionen so verlaufen, drehen wir uns im Kreis. Zumindest auf der Inhaltsebene macht es dann meist keinen Sinn mehr, noch länger weiterzudiskutieren.
Das stellen Sie am deutlichsten fest, wenn Sie an einen Fundamentalisten, gleich welcher Couleur, geraten sind. Dieser zeichnet sich dadurch aus, dass er niemanden seine fundamentalen Überzeugungen hinterfragen lässt. An diesen Stellen wehrt er jegliche Kritik ab. Ein Weg vom Bestrittenen zum Unbestrittenen ist den Gesprächspartnern dadurch verbaut. Vernünftig lässt sich so nicht mehr diskutieren. Denn vernünftig ist ein Verhalten nur dann, wenn es sich auf Gründe einlässt und für Kritik offen ist.

2.4 Beweislastverteilung

Wann muss argumentiert werden? Grundsätzlich gilt:

> Wer etwas behauptet, ist beweispflichtig. Sobald also eine Behauptung infrage gestellt wird, muss sie begründet werden.

Von dieser Regel gibt es eine Ausnahme: Die Beweislast wird umgekehrt, wenn sich jemand mit seiner Behauptung auf einen anerkannten Erfahrungssatz beruft und der Gesprächspartner dies bestreitet. Dann muss dieser für seine von allem Üblichen abweichende Meinung Gründe vortragen. Wer also behauptet, dass die Erde rund ist, muss bei Nachfrage keinen Beweis dafür antreten.
Der Grundsatz, dass derjenige, der Behauptungen in den Raum stellt, bei Nachfrage auch Gründe liefern muss, ist leicht verständlich. Was aber, wenn der eine etwas behauptet und der andere die Behauptung nicht nur infrage stellt, son-

dern ihre Richtigkeit grundsätzlich bestreitet? Behauptet er damit nicht die Unrichtigkeit der ersten Aussage und macht sich dabei beweispflichtig? Ganz genau!

Wer etwas behauptet, ist beweispflichtig

Wenn also klar ist, dass Ihr Gesprächspartner die Beweislast trägt, dann können Sie in aller Ruhe Zweifel an dessen Position anbringen und um eine saubere Begründung bitten. Ungeschickt wäre es, wenn Sie zu früh das Gegenteil davon behaupten würden. Denn dann wären Sie selbst beweispflichtig. Gerissene Gesprächspartner nutzen das taktisch aus, um Sie in die Defensive zu bringen. Sie versuchen geschickt, Ihnen die Beweislast zuzuschieben.

Beispiel
Hans behauptet: *„Wenn die neuen Steuergesetze kommen, dann können wir den Laden hier schließen."* Ute staunt: *„Das kann ich so gar nicht glauben."* Hans entgegnet: *„Dann beweis mir doch mal das Gegenteil!"* Ute würde jetzt einen groben Fehler begehen, wenn sie sich auf diesen Vorschlag einließe. Sie ist eben nicht beweispflichtig und muss diese Bürde nicht übernehmen. Wenn sie das erkennt, kann sie weiter in der Offensive bleiben und Hans um nachvollziehbare Gründe bitten.

Zuhörern ist also zu raten, die Rolle des Zweiflers nicht zu früh zu verlassen. Denn jede gescheiterte Gegenargumentation schwächt ihre Position nur unnötig.

Kluges Verhalten von B:	Unkluges Verhalten von B:
A: *„XY ist richtig."* (Behauptung) B: *„XY? Wieso?"* (infrage stellen)	A: *„XY ist richtig."* (Behauptung) B: *„XY ist falsch."* (Gegenbehauptung) A: *„Wieso?"* (infrage stellen)
Beweislast: bei A	Beweislast: bei B

Noch raffinierter wird es, wenn A erst gar nichts behauptet, sondern B in Form einer Frage listig zu einer eigenen Behauptung provoziert oder gleich auf Bs Zustimmung hofft.

Beispiel
Hans fragt Ute sehr freundlich: *„Meinst du nicht auch, dass wir den Laden bald schließen müssen, wenn jetzt die neuen Steuergesetze kommen?"*

Hier zeigt sich auch, welcher Nutzen sich aus der Beschäftigung mit dem Argumentieren ergibt:

> Wenn Sie sich der Regeln des vernünftigen Argumentierens bewusst sind, erkennen Sie sehr schnell, wenn jemand unfair mit Ihnen umgeht.

Dann können Sie sich entschieden zur Wehr setzen und den Ball zurückspielen. Das ist etwas anderes, als wenn Sie nur ein dumpfes Gefühl haben, dass da etwas nicht stimmt. Wer gut zu argumentieren gelernt hat, schärft zudem sein Denken und wird dadurch selbstsicherer. Denn er hat ein wichtiges und faires Mittel der Selbstbehauptung in der Hand.

2.5 Signalwörter für Begründungen

In den Gesprächen des Alltags weisen bestimmte Wörter darauf hin, dass jemand argumentiert bzw. zu argumentieren versucht. Diese Wörter sollen anzeigen, dass eine Behauptung mit einer Begründung untermauert wird. Es handelt sich dabei um Signalwörter. Diese lassen sich danach unterscheiden, ob sie auf Voranahmen oder auf Schlussfolgerungen hinweisen.

Signalwörter für Vorannahmen (Prämissen)		... für Schlussfolgerungen (Konklusionen)	
◆ weil	◆ denn	◆ folglich	◆ deshalb
◆ da	◆ nämlich	◆ daher	◆ also

Die Psychologie hat in erschreckender Weise darauf aufmerksam gemacht, welche fast schon hypnotische Wirkung allein diese Signalwörter entfalten. Man könnte sie demnach auch als Zauberwörter bezeichnen. So hat die Harvard-Professorin Ellen Langer in einem Experiment nachgewiesen, welchen Effekt das Wort „weil" erzeugt.

Beispiel: Zauberwörter sind manchmal der Schlüssel zum Erfolg
Tatort von Ellen Langers Experiment war eine Bibliothek. Vor dem Fotokopierer stand eine lange Schlange von Bibliotheksbesuchern. Je drei verschiedene Versuchsanordnungen wurden von Langer und ihren Mitarbeitern getestet:

- Im ersten Durchlauf ging eine Person an die Spitze der Schlange und bat freundlich um einen Gefallen: *„Entschuldigung. Ich habe fünf Seiten. Würden Sie mich bitte vorlassen?"* Immerhin 60 Prozent der Angesprochenen kamen der Bitte nach.
- In einer zweiten Versuchsanordnung begründete die Person ihren Wunsch noch zusätzlich: *„Entschuldigung. Ich habe fünf Seiten. Würden Sie mich bitte vorlassen, weil ich es eilig habe?"* Dieses Vorgehen veränderte das Ergebnis erheblich. Denn der begründeten Bitte kamen fast alle nach, nämlich 94 Prozent.

Zeigt das nicht die Überzeugungskraft von nachvollziehbaren Gründen? Schön wäre es. Hören Sie am besten noch die dritte Versuchsanordnung:

- Jetzt sagte die bittende Person: *„Entschuldigung. Ich habe fünf Seiten. Würden Sie mich bitte vorlassen, weil ich Kopien machen muss?"* Wo ist da der Grund für eine bevorzugte Behandlung zu sehen? Nirgends. Aber das machte offenbar nichts. Erneut entsprachen fast alle Wartenden – dieses Mal 93 Prozent – dem Wunsch, obwohl sie keinen Grund dazu hatten. Es war das kleine Wörtchen „weil", das sich als Zauberwort entpuppte. Es suggeriert eine Begründung auch dort, wo sie tatsächlich ausbleibt.

Übung 20

Achten Sie bei Äußerungen Ihrer Gesprächspartner darauf, ob die verwendeten Signalwörter wirklich stichhaltige Argumentationen abbilden oder ob sie gedanklich Unverbundenes nur scheinlogisch zusammenführen.

2.6 Der Fünfsatz

Damit Argumente ihre ganze Kraft entfalten, reicht es nicht aus, sie nur zu nennen.

> Erst wenn die Argumente im Redebeitrag dramaturgisch an der richtigen Stelle platziert sind, erzielen sie die gewünschte Wirkung.

Das geschieht zur Überraschung vieler sogar in den Bereichen, die wir als Hort der Sachlichkeit und Rationalität ansehen. Gemeint ist die Rechtsprechung des höchsten deutschen Gerichts:

> Nach den Untersuchungen der Juristin Katharina Sobota geht es dort gar nicht so nüchtern zu, wie zumeist erwartet. Sobota analysierte mit einer speziellen Methode die Urteilsbegründungen des Bundesverfassungsgerichts und stellte fest, dass gerade in den juristisch entscheidenden Passagen besonders viele sprachliche Stilmittel zur Emotionalisierung eingesetzt werden. In der juristischen Methodenlehre ist das nach wie vor ein Tabu, obwohl die Praxis eine ganz andere Sprache spricht.

Kurz und knackig auf den Punkt gebracht

Wir möchten Ihnen an dieser Stelle ein sehr wirkungsvolles Modell für zielgerichtetes Argumentieren vorstellen. Es handelt sich um das so genannte Fünfsatzmodell von Hellmut Geißner. Es bietet für die unterschiedlichsten Situationen einfache gedankliche Baupläne, um die Kernbotschaft Ihrer Äußerung kurz und knackig auf den Punkt zu bringen. Die einzelnen Gedanken werden dabei zu einer Sinneinheit zusammengefasst und auf ein Ziel ausgerichtet. Der Zuhörer kann dadurch eine stringente Gedankenlinie erkennen. Mit dem Fünfsatz erzeugen Sie also Spannung, weil in ihm alles auf die zentrale Aussage zugespitzt ist.
Es hat sich seit der Formulierung von Hellmut Geißner im Jahr 1968 etabliert, diese Strukturpläne als Fünfsatz zu bezeichnen. Wir folgen dieser gängigen Bezeichnung aus prak-

tischen Gründen des leichteren Wiedererkennens. Dabei ist der Begriff jedoch irreführend. Zutreffender wäre es, von einem Fünfschrittemodell zu sprechen, weil jeder der fünf Schritte durchaus auch mehrere Sätze enthalten kann.

Fünf Varianten des Fünfsatzes

A. Die Standpunktformel

Aufbau:

1. Standpunkt/These
2. Stützendes Argument
3. Anschauliches Beispiel
4. Schlussfolgerung
5. Aufforderung zum Handeln

Anwendung:

Diese Variante kommt in Betracht, wenn man direkt zum Kern vorstoßen möchte oder nur ein einziges Mal Gelegenheit hat, das Wort zu ergreifen. Dem Standpunkt folgt eine Begründung, die mit einem schlagkräftigen Beispiel verdeutlicht wird. Dann wird der Standpunkt als Schlussfolgerung wiederholt.

Beispiel:

Der Anwohner eines Neubaugebietes ergreift auf einer Bürgerversammlung das Wort.

1. Wir brauchen eine Tempo-30-Zone für unser gesamtes Neubaugebiet.
2. In unserem Viertel wohnen überwiegend junge Familien mit kleinen Kindern.
3. Im vergangenen Monat wäre es durch Raser um ein Haar zu drei schlimmen Unfällen mit spielenden Kindern gekommen, die aufmerksame Mütter im letzten Moment verhindern konnten.
4. Wir sollten es nicht erst zu einer Katastrophe kommen lassen, bevor wir handeln.
5. Ich beantrage, bei der Stadtverwaltung unverzüglich den Antrag für die Errichtung einer Tempo-30-Zone zu stellen.

B. Die sachlogische Kette

Aufbau:

1. Thema/Problembezug
2. Erste Stellungnahme
3. Zweite Stellungnahme
4. Dritte Stellungnahme
5. Lösungsvorschlag

Anwendung:

Die sachlogische Kette eignet sich für Themen, bei denen bereits eine längere Auseinandersetzung vorausgegangen ist oder wenn der Sprechende ausdrücklich noch einmal die geäußerten (abweichenden) Meinungen würdigen will, bevor er sich in seiner Meinung festlegt.

Beispiel:

1. Ich möchte kurz über den Stand des Antrags für die Errichtung einer Tempo-30-Zone in unserem Quartier berichten.
2. Die fachlich zuständige Stelle hat sich in einer ersten Stellungnahme skeptisch geäußert, aber zugesagt, unseren Antrag gründlich zu prüfen.
3. Die Unterschriftenliste zur Unterstützung unseres Antrags wurde von 93,2 % aller erwachsenen Anwohner unterzeichnet.
4. Die Elternbeiräte der Grundschule und der beiden Kindergärten haben ein unabhängiges Gutachten in Auftrag gegeben, dessen Ergebnisse unseren Antrag voll unterstützen.
5. Ich schlage vor, die gesamte Lokalpresse zur Überreichung der Unterschriftenliste an den Verkehrsbürgermeister am nächsten Freitag einzuladen.

C. Die chronologische Kette

Aufbau:

1. Thema
2. Situation früher
3. Situation heute
4. Situation morgen
5. Folgerung

Anwendung:
Die chronologische Kette ist besonders dann geeignet, wenn Sie die Dringlichkeit Ihres Anliegens mit Blick auf die zukünftige Entwicklung unterstreichen wollen.

Beispiel:
1. Zum Thema der Verkehrsberuhigung in Wohngebieten möchte ich Folgendes festhalten:
2. In der Vergangenheit wurde auch in Wohngebieten dem Auto Vorrang vor der Sicherheit für Fußgänger eingeräumt.
3. Heute müssen wir immer noch hart darum kämpfen, zumindest eine begrenzte Sicherheit für Fußgänger zu erreichen, z.B. über Tempo-30-Zonen.
4. Die Zukunft wird so aussehen, dass dem nichtmotorisierten Verkehr in Wohngebieten absolute Priorität eingeräumt wird, was generelle Autofreiheit bedeutet.
5. Die beantragte Tempo-30-Zone sollte so gesehen eine Selbstverständlichkeit sein.

D. Der Pro-und-Kontra-Aufbau

Aufbau:
1. Thema
2. Pro-Argument
3. Kontra-Argument
4. Abwägung
5. Schlussfolgerung

Anwendung:
Der Pro-und-Kontra-Aufbau empfiehlt sich für Situationen, in denen die Gegenargumente offen im Raum stehen und eine Bewertung verlangen. Der eigene Standpunkt wird durch Abwägen von Für und Wider entwickelt.

Beispiel:
1. Zum Antrag für eine Tempo-30-Zone in unserem Wohngebiet möchte ich Folgendes festhalten:
2. Die ansässigen Bewohner stehen zu mehr als 90 Prozent hinter diesem Antrag.

3. Einige lehnen den Antrag ab, weil sie die gewünschte Regelung nur als weitere Bevormundung freier Bürger ansehen.
4. Bei der Entscheidung sind also die Sicherheitsbedürfnisse der Bewohner, insbesondere der Kinder, gegen die Freiheitsrechte aller Bürger abzuwägen. Ich meine, dass das Leben unserer Kinder jedoch weitaus wichtiger ist als der Wunsch, eine halbe Minute früher zu Hause zu sein.
5. Deswegen plädiere ich dafür, den Antrag unverzüglich abzugeben.

E. Die Problemlösungsformel

Aufbau:

1. Problem: Ist-Zustand mit seinen Defiziten
2. Ziel: Was wäre wünschenswert?
3. Lösungsvorschläge und deren Bewertung
4. Entscheidung für eine Variante
5. Aufforderung zum Handeln

Anwendung:

Die Problemlösungsformel ist ideal, wenn das Gegenüber vorsichtig überzeugt werden muss. Es wird schrittweise auf die Lösung zugearbeitet. Durch eine exakte Problembeschreibung wird bei allen Zuhörern ein Lösungswunsch erzeugt.

Beispiel:

1. Seit Eröffnung unseres Neubaugebietes ist es zu zwei Unfällen und acht gemeldeten Beinaheunfällen mit Fußgängern – überwiegend Kindern – gekommen.
2. Ziel ist die Minimierung des bestehenden Gefahrenpotenzials.
3. Denkbare Lösungen wären die Errichtung einer Tempo-30-Zone, ein autofreies Wohngebiet oder die Errichtung von stationären und mobilen Radarkontrollgeräten.
4. Aufgrund der vorangegangenen Diskussion halte ich unter Abwägung von Kosten, Nutzen und Zustimmungspotenzial derzeit die Variante A für die geeignetste.
5. Daher empfehle ich, die Unterschriftenliste dem Verkehrsbürgermeister durch eine möglichst prominente Bürgergesandtschaft zu übergeben.

Ist unsere Logik universal?

Sie haben sicher schon an der Sprache in die
gemerkt, dass die Logik ein abstraktes Denk
das sich von konkreten Inhalten löst.

Wem das nicht so liegt, der mag sich damit trösten
auch Menschen gibt, die sich auf solche Gedanke
mente gar nicht einlassen wollen – auch gar nicht können. Nicht weil sie dumm wären, sondern weil in ihren Gesellschaftsformen die Notwendigkeit zum abstrakten Denken schlicht und einfach nicht besteht. Durch die direkten Kontakte in wenig differenzierten Gesellschaften sind die Menschen es gewohnt, sich ausschließlich an das konkret Anschauliche zu halten. Das führt dann zu solch verblüffenden Ergebnissen, wie sie Ethnologen in Befragungen immer wieder zutage brachten.

Beispiel

In Untersuchungen bei den Kpelle, einem Volk von Reisbauern im westafrikanischen Liberia, wurde den befragten Bauern folgende Frage gestellt:

„Alle Kpelle-Bauern sind Reisbauern.
Mr. Smith ist kein Reisbauer.
Ist er ein Kpelle-Mann?“

Ein Befragter antwortet: *„Ich kenne den Mann nicht persönlich. Ich habe den Mann noch nie gesehen.“*

Versuchsleiter: *„Denk einfach über die Aussage nach.“*

Befragter: *„Wenn ich ihn persönlich kenne, kann ich diese Frage beantworten, aber da ich ihn nicht persönlich kenne, kann ich diese Frage nicht beantworten.“*

Versuchsleiter: *„Versuche es und antworte aus deinem Gefühl eines Kpelle heraus."*

Befragter: *„Wenn du eine Person kennst und Fragen über sie gestellt werden, kannst du antworten. Aber wenn du die Person nicht kennst und Fragen über sie gestellt werden, ist es schwer für dich, sie zu beantworten."*

(Quelle: Dux 1994)

Unsere Logik ist also nicht universal. Die Antworten des befragten Kpelle geben deutlich zu erkennen, dass sich sein Denken im Anschaulichen hält. Er kann sich offensichtlich nicht darauf einlassen, über bloß hypothetische Annahmen nachzudenken.

3 Psycho-Logik

Alle Überzeugungskünstler wissen, dass schlüssiges Argumentieren allein selten ausreicht, um die Wahrnehmung eines anderen Menschen zu verändern. Denn die Logik spricht ausschließlich die Sachebene an. Auf dieser leistet sie einen hervorragenden Dienst. Argumente bauen eine Brücke vom Sender zum Empfänger, indem auf eine gemeinsam anerkannte Aussage zurückgegriffen wird.
Um wirklich über diese Brücke zu gehen, braucht es jedoch noch etwas anderes: Emotionen (von lat. movere = bewegen).

> Sie müssen Ihre Gesprächspartner auch auf der Gefühlsebene ansprechen, um sie von Ihrem Anliegen zu überzeugen.

Auch dafür existiert eine Logik: die Psycho-Logik. Sie beschäftigt sich mit den Gesetzmäßigkeiten der Psyche. Jetzt können Sie Herz und Verstand gewinnen!

3.1 Erfolgsfaktor Sympathie

Sympathische Menschen haben es im Leben leichter. Sie besitzen die Fähigkeit, positive Gefühle bei anderen auszulösen, und gewinnen so deren Zuneigung. Wenn sie ein Anliegen vorbringen, wird ihnen meist zugehört, und wenn mehrere Bewerbungen für eine Stelle vorliegen, fällt die Entscheidung zu ihren Gunsten aus.

Das Wort Sympathie kommt aus dem Griechischen und setzt sich zusammen aus der Vorsilbe „sym“ (mit; gemeinsam) und „pathos“ (empfinden; leiden). Sympathie ist also die Zuneigung zu einem anderen Menschen, die auf einer gefühlsmäßigen Übereinstimmung beruht. Welche Faktoren sind dafür verantwortlich?

Sympathiefaktor Ähnlichkeit

Wir spüren es im Alltag, wenn die Chemie stimmt oder wir auf gleicher Wellenlänge sind. Dann müssen wir unserem Gegenüber nicht alles umständlich erklären, weil wir uns auch so verstehen.

Menschen, die sich sympathisch sind, fühlen ähnlich.

Diesen Gleichklang können Sie sogar von außen beobachten, weil sich die Körpersprache zwischen zwei Menschen angleicht, wenn sie sich sympathisch finden. Sie reagieren wie in einem Tanz aufeinander und spiegeln sich ihre Bewegungen gegenseitig. Im Umfeld von Menschen hingegen, die Gefühlsregungen weder aufnehmen noch ausstrahlen können, fühlen Sie sich sicher nicht wohl. Die für die Sympathie notwendige Gemeinsamkeit wird so ja gerade verhindert.

Übung 21

Wenn Sie das nächste Mal in einem Café oder Restaurant sitzen, dann beobachten Sie einmal ganz bewusst die Körpersprache von zwei Menschen, die sich gerade unterhalten. Dabei müssen Sie vom Gespräch überhaupt nichts verstehen. Spiegeln sich die beiden in ihrer Körpersprache? Können Sie äußerlich erkennen, ob die beiden auf gleicher Wellenlänge senden? Lassen Sie nicht locker, bis Sie ein Paar gefunden haben, das diesen faszinierenden Tanz vorführt. Sie werden diese Eindrücklichkeit nie mehr vergessen!

Übung 22

Experimentieren Sie nun selbst: Gleichen Sie sich während eines Ihrer nächsten Gespräche der Körperhaltung Ihres Gesprächspartners an. Übernehmen Sie dezent dessen Arm- und Beinhaltung. Ist er oder sie nach vorne geneigt oder zurückgelehnt? Gleichen Sie sich an und stellen Sie auf dieser Ebene eine Verbindung her.

Wir mögen Menschen, die uns ähnlich sind – ganz gleich, ob sich das auf unser Aussehen, auf Charaktereigenschaften, politische Einstellungen oder unsere soziale Herkunft bezieht. Gleiches gesellt sich eben gern zu Gleichem.

Der Mythos von den Leistungseliten

Der Soziologe Michael Hartmann hat die Karrieren von 6.500 promovierten deutschen Ingenieuren, Wirtschaftswissenschaftlern und Juristen untersucht. Seine Studie ergab, dass sich von den Vorstandsvorsitzenden der 100 größten deutschen Konzerne über 80 Prozent aus den oberen 3,5 Prozent der Bevölkerung rekrutierten. Arbeiterkinder aus dem Kreis der promovierten Akademiker schafften es gerade mal mit 0,5 Prozent in die erste Führungsebene.

Das Selbstverständnis der Topmanager, den Platz in der Chefetage nur ihrer eigenen Leistung zu verdanken, entpuppt sich bei näherem Hinsehen also als Mythos. Als viel entscheidender stellte sich heraus, dass Verantwortliche und Bewerber über die gleiche Wellenlänge verfügen.

Soziologen nennen diesen Bewerbervorteil habituelle Ähnlichkeit mit den Personen, die schon in den Führungspositionen sitzen. Die Personalverantwortlichen spüren beim Auftritt des Bewerbers den entscheidenden Unterschied zwischen denen, die zu den eigenen Kreisen wie selbstverständlich dazugehören (weil sie einen bestimmten Habitus von Kindesbeinen an verinnerlicht haben), und jenen, die bloß dazugehören wollen. Die, die ihnen in ihrer Art ähnlich und vertraut sind, signalisieren ihnen im Hinblick auf ihre unter starkem Entscheidungsdruck stehende Tätigkeit am ehesten das Gefühl von Sicherheit und Beherrschbarkeit der Situation. Damit ist das Gefühl gemeint, sich notfalls auch blind zu verstehen.

Wenn Sie nicht gerade in die exklusiven Kreise des Topmanagements wollen, dürfen Sie sich nach anderen Studien damit trösten, dass es ansonsten die beliebten Mitarbeiter sind, die die größten Chancen auf einen sozialen Aufstieg haben.

Sympathiefaktor Freundlichkeit

Ein weiteres Merkmal sympathischer Menschen ist ihre freundliche und warmherzige Art. Sie sind offen und zeigen

Interesse an anderen Menschen. Uns allen tut Aufmerksamkeit gut. Wir schätzen es, wenn sich jemand für uns interessiert. Manchmal braucht es nur ein freundliches Lächeln, das gute Gefühle in uns auslöst.

Gespräche sollten deswegen nicht unvermittelt mit sachlichen Themen begonnen werden. Der Beginn des Gesprächs dient zunächst dem Beziehungsaufbau.

Für diese Anwärmphase eines Gesprächs, in der man sich gegenseitig beschnuppert, ist der Small Talk bestens geeignet. Sie wählen unverfängliche Themen wie die Befindlichkeit Ihres Gesprächspartners oder das Wetter, um auf ungezwungene Weise einen Kontakt aufzubauen. Ideal ist es, wenn Sie schon bei dieser Plauderei gemeinsame Sichtweisen oder gar gemeinsame Interessen ausfindig machen. Das verbindet und Sie gewinnen so die Zuneigung Ihres Gegenübers.
Wenn es Ihnen gelungen ist, in dieser Phase der Gesprächseröffnung ein sympathisches Bild von sich abzugeben, haben Sie bei Ihrem Partner die grundsätzliche Bereitschaft erzeugt, Ihren nun folgenden fachlichen Ausführungen erst einmal Glauben zu schenken. Ist diese positive Voreingenommenheit nicht vorhanden, dann können Sie selbst mit den besten Argumenten nur schwer überzeugen.

Sympathiefaktor Bedeutsamkeit

Es ist immer schön, Menschen zu begegnen, die freundlich und uns ähnlich sind. Das können auch flüchtige Begegnungen sein.

Die Zuneigung verfestigt sich, wenn diese Menschen eine nachhaltige Rolle in unserem Leben spielen und dazu beitragen, unsere Wünsche und Bedürfnisse zu befriedigen.

Wenn ich also merke, dass mir ein Mensch guttut oder er Lösungen für Probleme anbieten kann, vor denen ich stehe, dann ist die Sympathie umso größer. Er wird für mein Leben in einem guten Sinn bedeutsam.

Beispiel
Stellen Sie sich vor, Sie sind bei Freunden auf einer Party eingeladen. Dort lernen Sie eine freundliche Mittdreißigerin kennen. Sie können sich vortrefflich mit ihr unterhalten, weil sie beide begeisterte Theaterbesucher sind. Äußerst lebendig tauschen Sie Ihre Erfahrungen über die verschiedensten Inszenierungen aus. Wie steigert sich Ihre Sympathie aber, als Sie hören, dass Ihre Gesprächspartnerin Redakteurin in einem angesehenen Kunstverlag ist und Interesse an Ihrem geplanten Buch über zeitgenössisches Regietheater zeigt!

> Sympathische Menschen wissen, was von ihnen erwartet wird.

Sie tragen zum Wohlergehen anderer bei. Sie wissen, was diese brauchen, und tun ihr Bestes dafür, ohne sich in irgendeiner Form aufzudrängen. Sie machen auch nicht viel Aufhebens um ihre Unterstützung, sondern handeln ganz selbstverständlich. So werden sie wertvoll für andere. Mit ihrer freundlichen und offenen Art ist das auch nicht schwer für sie.
Denn wie eine Untersuchung der Universität Michigan nachgewiesen hat, erhalten sympathische Menschen bessere Informationen darüber, was von ihnen erwartet wird, als unsympathische Menschen.

Übung 23

Achten Sie in den nächsten Tagen bewusst auf die Wünsche und Bedürfnisse der Menschen, die Ihnen wichtig sind. Über was freuen sie sich, vor welchen Problemen stehen sie? Hinweise geben sie genug. Wenn Sie Ihre Sensibilität dafür weiterentwickeln, bekommen Sie erstaunlich viele Informationen.

An dieser Stelle sei auch nochmals an die Charismatiker erinnert, die wir im ersten Kapitel vorstellten. Sie sind Hoffnungsträger für unzählige Menschen, weil sie gekonnt deren Träume und Sehnsüchte ansprechen. Alle bedeutenden Persönlichkeiten haben die Fähigkeit, sich ihrem Publikum als Vollstrecker gemeinsamer Werte anzubieten. Das macht sie erst so bedeutsam. Die Aussage Alfred Adlers spricht für sich: *„Der erfolgreiche Mensch beschäftigt sich mit den Interessen der anderen, der erfolglose und gewöhnliche Mensch vorwiegend mit seinen eigenen Interessen."*

Sympathiefaktor Verlässlichkeit

Sympathische Menschen vermitteln den Eindruck, dass sie zu dem stehen, was sie sagen. Ihr Handeln stimmt mit ihrem Reden überein. Sie sind verlässlich und verhalten sich nicht heute so und morgen so. Auf diese Weise können wir ihnen Vertrauen schenken.
Um keine falsche Vorstellung aufkommen zu lassen: Damit sind keine Langweiler gemeint. Denn gerade sehr angepasste und schwache Persönlichkeiten sind nicht vertrauenserweckend. Wie mögen sie sich in schwierigen Situationen verhalten? Kann man sich da auch auf sie verlassen?
Vertrauen bezieht sich nämlich nicht nur auf Berechenbarkeit, sondern insbesondere darauf, dass der andere sich an seine Selbstdarstellung gebunden fühlt und diese dementsprechend fortsetzt. Obwohl wir wissen, dass unser Gegenüber auch anders könnte, glauben wir an seine Integrität.

Vertrauen ist immer eine riskante Vorleistung, weil wir uns damit vom Wohlwollen anderer abhängig machen und der Gefahr einer Enttäuschung aussetzen.

> Wer Vertrauen schenkt, verzichtet bewusst auf die Beschaffung weiterer Informationen. Von diesem Abkürzungsprozess profitieren sympathische Menschen.

3.2 Kommunikationsbrücken bauen

Ob Ihr Gesprächspartner Ihnen zustimmt, hängt auch von Ihren Formulierungskünsten ab. Mit der richtigen Wortwahl können Sie entscheidend auf den anderen einwirken.

Positive Formulierung

Es macht einen großen Unterschied, ob Sie Ihre Aussagen positiv oder negativ formulieren. Im einen Fall sagen Sie, was Sie wollen, und im anderen Fall, was Sie nicht wollen. Je nachdem, welche Variante Sie wählen, lösen Sie bei Ihrem Gesprächspartner unterschiedliche Gefühle aus.
Testen Sie die Wirkung gleich an folgendem Beispiel, in dem jemand einem Anrufer auf verschiedene Weise mitteilt, dass die abwesende Kollegin für die Auskunft zuständig ist.

Beispiel

- Negative Formulierung: *„Ich kann Ihnen leider keine Auskunft geben. Dafür ist Frau Weiß zuständig. Die ist heute aber nicht da."*
- Positive Formulierung: *„Die Informationen, die Sie suchen, erhalten Sie von Frau Weiß. Sie ist immer am Montag, Mittwoch oder Freitag zu sprechen. Darf Sie sich morgen bei Ihnen melden?"*

Wer positiv formuliert, zeigt Lösungen auf und übernimmt eher Verantwortung. Wer negativ formuliert, konzentriert sich auf Probleme und weist Verantwortung meist von sich.

Ihr Gesprächspartner muss sich jetzt allein auf den Weg machen, um Lösungen zu finden. Das trennt. Bei einer positiven Formulierung nehmen Sie Verbindung zu Ihrem Gegenüber auf und machen konkrete Vorschläge. Die klare Ausrichtung auf ein konkretes Ziel wirkt motivierend, weil sich nun alle Kräfte daraufhin bündeln lassen. Andernfalls wird die Motivation nur gehemmt, weil Ihr Gegenüber immer noch nicht so recht weiß, was es stattdessen tun soll.

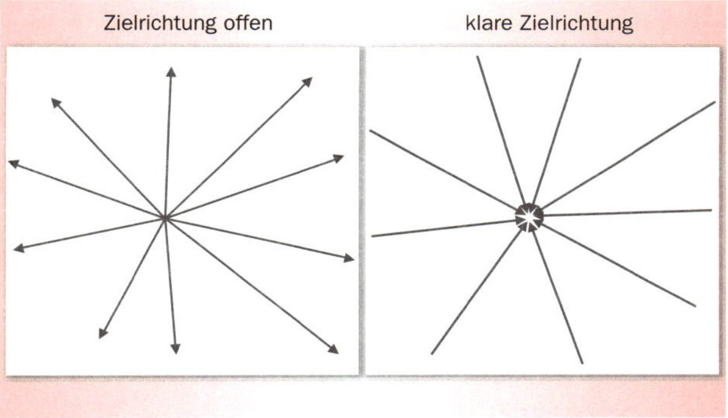

Möglichkeiten, um etwas Bestimmtes zu tun bzw. nicht zu tun

Mit der positiven Formulierung gewinnen Sie andere also wesentlich leichter für eine Zusammenarbeit. Lediglich sehr problembewusste Menschen reagieren skeptisch auf zu viele positive Aussagen. Sie befürchten, dass damit tatsächlich existierende Probleme vertuscht werden. Sie wittern dann eine falsche Freundlichkeit und reagieren aus Sorge vor Manipulation mit Abwehr. Wie Sie gut mit solchen Skeptikern umgehen können, erfahren Sie in Kapitel 5.

Übung 24

Formulieren Sie die drei negativen Sätze gemäß dem obigen Beispiel in positive Sätze um:

- „Da sind Sie bei uns falsch. Wir sind nicht zuständig für Einsprüche gegen Bußgeldbescheide."

  ____

- „Wir haben derzeit kein Geld für eine zusätzliche Ampel im Neubaugebiet."

  ____

- „Wir haben viel zu wenig Personal, um Ihre Anfrage in der nächsten Woche beantworten zu können."

  ____

Zustimmung einholen

Sie können sich auch aktiv die Zustimmung Ihres Gesprächspartners einholen. Damit ist natürlich nicht gemeint, dass sich Ihr Gegenüber wie auf Befehl hin Ihrer Sichtweise anschließen soll. Nein, Sie sichern sich die Zustimmung in kleinen, auf den ersten Blick besehen vielleicht unbedeutenden Dingen. Darauf bauen Sie auf und führen Ihren Partner Schritt für Schritt in einen Bindungsprozess.
Dabei greift ein psychologisches Gesetz, das zu einem guten Teil den Rest der Arbeit erledigt – das so genannte Konsistenzprinzip. Es besagt schlicht: Wer A sagt, muss auch B sagen. Schauen wir es uns etwas näher an.

Wer A sagt, muss auch B sagen

Beispiel
An Ihrer Haustür klingelt es. Zwei Mitglieder der örtlichen Kirchengemeinde stehen vor der Tür und bitten Sie um zwei Minuten Ihrer Zeit. Sie tragen vor, dass es in Ihrer Stadt sehr viele alte Menschen gibt, die einsam zu Hause sitzen und sich hin und wieder nach etwas Aussprache sehnen. Die beiden fragen Sie nun, ob Sie zu einem ehrenamtlichen Engagement bereit sind. Sie hätten dabei an einen Besuchsdienst von zwei Stunden pro Monat gedacht oder ersatzweise an eine kleine Geldspende.
Seien Sie ehrlich: Wie groß ist Ihre Bereitschaft, den beiden wohltätigen Helfern eine Zusage zu geben?

Szenenwechsel. Die Ausgangslage ist die gleiche wie eben. Nach dem Vortrag über die beklagenswerte Situation in Ihrer Stadt bitten die beiden Gemeindemitglieder dieses Mal allerdings nur um eine kleine Unterschrift. Sie bitten damit alle Mitbürger, sich einem Appell an die Stadtverwaltung anzuschließen, der da lautet: *„In unserer Stadt muss endlich mehr für die Lebenszufriedenheit alter Mitbürger getan werden."*
Würden Sie diesen Satz unterschreiben? Er ist nichtssagend und verpflichtet Sie zu nichts. Danach haben Sie wieder Ihre Ruhe.

Das dachten Sie zumindest. Denn einen Monat später stehen die beiden wieder vor der Tür. Dieses Mal sehr freudestrahlend. Sie wollten sich bei Ihnen bedanken, weil auch Sie dazu beigetragen haben, dass die Unterschriftenliste sehr lang wurde und sich die Stadtverwaltung davon sehr beeindruckt zeigte. Erste Gespräche auf höchster Ebene seien schon geplant. Parallel dazu wolle man jetzt auch bürgerschaftliches Engagement zeigen. Und deswegen wolle man auch Sie mit Ihrem klaren Bekenntnis zu mehr Solidarität fragen, ob Sie bereit wären, entweder zwei Stunden im Monat alte Menschen zu besuchen oder sich doch zumindest mit einer Geldspende zu beteiligen.

Hat sich gegenüber dem ersten Szenario etwas an Ihrer Bereitschaft geändert, den beiden eine Zusage zu erteilen?

Die meisten Menschen befinden sich bei der beschriebenen Situation jetzt in einem Dilemma. Vielleicht wollen sie einerseits keine Unterstützung geben, andererseits wollen sie aber auch kein widersprüchliches Bild von sich abgeben. Sonst stehen sie als ein charakterschwacher Mensch da, dessen Worten man keinen Glauben schenken darf. Wir haben nämlich ein inneres Bedürfnis, als konsistent wahrgenommen zu werden. Sobald wir uns öffentlich einmal festgelegt haben, fühlen wir uns dieser Aussage verpflichtet.

Vorsicht, wenn Zustimmung erschlichen wird

Es ist naheliegend, dass diese Gesetzmäßigkeit sowohl von Überzeugungsprofis als auch von gewitzten Manipulatoren berücksichtigt wird. Manipulativ wird es dann, wenn Ihnen jemand aus einer harmlosen Aussage „einen Strick dreht“. Hinterrücks erschleicht er sich in einer Spirale der Willfährigkeit weitere Zusagen. Die erste Festlegung kann auch von der anderen Person getroffen werden.

Beispiel

So schmeichelt Ihnen Ihr Verhandlungspartner zum Beispiel gleich zu Beginn des Gesprächs mit der Feststellung: *„Wir schätzen Sie sehr als einen fairen und immer wieder entgegenkommenden Verhandlungspartner.“*

Wenn Sie sich durch dieses Kompliment ernsthaft geschmeichelt fühlen, dann akzeptieren Sie dabei auch die Festlegung Ihrer Kompromissbereitschaft und sind in der Gefahr, dieses Bild nicht enttäuschen zu wollen.

Konsistent zu sein, ist fraglos eine gute Charaktereigenschaft, die Vertrauen erzeugt. Unsinnig wird es nur dort, wo dieses Prinzip gegen unsere eigenen Interessen Anwendung findet. Da ist die Selbstbindung fehl am Platz.

Übung 25

Erinnern Sie sich an eine Situation, in der Sie selbst in die Spirale der Willfährigkeit geraten sind. In der Sie also mit innerem Widerstreben nach dem Motto gehandelt haben: Wer A sagt, muss auch B sagen. Wie kam es zu der ersten, noch unbedeutenden Zustimmung von Ihnen, die die Spirale in Gang gesetzt hat? Könnte dahinter eine bewusste Strategie gestanden haben?

Auf faire Weise Zustimmung einholen

Der amerikanische Sozialpsychologe Robert Cialdini zeigt an einer alltäglichen Situation, wie das Einholen einer Zustimmung auf faire Weise Nutzen stiftet:

Beispiel

Ein Restaurantbesitzer stand schon längere Zeit vor dem Problem, dass Gäste, die telefonisch einen Tisch bei ihm reservieren ließen, später nicht erschienen. Sie fühlten sich offenbar nicht an die Reservierung gebunden. Irgendwann kam dem Besitzer der zündende Gedanke. Er wies seine Mitarbeiter an, zukünftig am Telefon nicht mehr zu sagen: *„Rufen Sie uns bitte an, wenn sich etwas an Ihren Plänen ändert“*, sondern eine Frage zu stellen und die Antwort darauf abzuwarten: *„Könnten Sie uns kurz anrufen, falls sich Ihre Pläne ändern?“* Die Anrufer sollten sich also vor Ihrem Gesprächspartner festlegen. Und die Selbstbindung durch die Zusage zeigte Wirkung: Der Anteil der nicht wahrgenommenen Reservierungen sank von 30 auf zehn Prozent!

Leider wird in sehr vielen Gesprächen das Gebot, sich vom Gesprächspartner aktiv eine Zusage zu holen, nicht berücksichtigt. Dabei ist es gerade in schwierigen Gesprächen außerordentlich wichtig, Gemeinsamkeiten festzuhalten. Das bezieht sich sowohl auf die Faktenlage zu Beginn der Unterredung als auch auf die gemeinsam erzielten Gesprächsergebnisse. Wo das nicht beherzigt wird, kreisen Gespräche oft im Kreis, weil nicht deutlich genug ist, was bereits außer Frage steht.

Übung 26

Achten Sie bei kommenden schwierigen Gesprächen gezielt auf gemeinsame Ansichten zur Faktenlage, zu Zwischen- und Endergebnissen. Lassen Sie sich die gemeinsame Sicht von Ihrem Gesprächspartner bestätigen.

Soziale Bewährtheit

Wir möchten nun gerne Ihre Wahrnehmungsfähigkeit testen und bitten Sie, das folgende Schaubild näher zu betrachten. Sie sehen links eine Standardlinie und rechts drei Vergleichslinien. Unsere Frage lautet: Welche der drei Vergleichslinien ist genauso lang wie die Standardlinie? Lassen Sie sich ruhig Zeit mit der Übung.

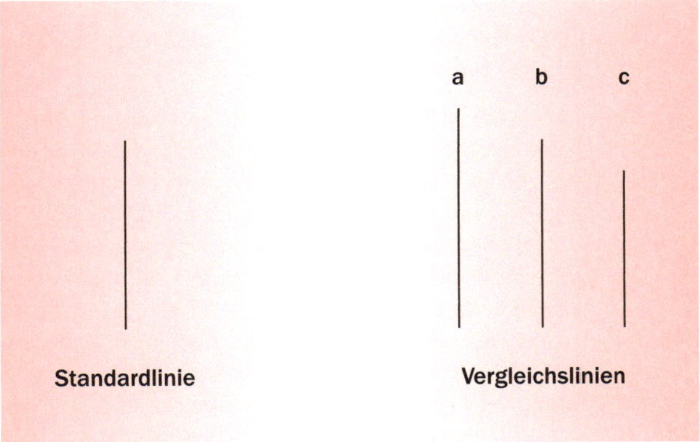

Test Ihrer Wahrnehmungsfähigkeit

Wenn Sie sich so wie die Mehrheit der getesteten Versuchspersonen entscheiden, dann haben Sie die Antwort a) gegeben. Wie? Sie haben b) als Lösung ausgewählt? Dann gehören Sie eindeutig zur Minderheit. Denn diese Antwort gaben nur 25 Prozent der Versuchspersonen. 75 Prozent votierten für a).
Wie lässt sich das erklären? Indem man die ganze Geschichte erzählt:

Der Sozialpsychologe Solomon Asch wählte für dieses Experiment eine bestimmte Versuchsanordnung: Acht Studenten saßen im Halbkreis um ihren Professor, der ihnen die Frage nach der gleich langen Linie stellte. Sieben der Studenten waren jedoch angewiesen, bei jedem neuen Versuch die Antwort a) zu geben. Der achte, die eigentliche Versuchsperson, war in diese Absprache nicht eingeweiht. Und unter dieser Vorbedingung kam das Ergebnis zustande, dass sich nur 25 Prozent der ahnungslosen Versuchsteilnehmer für die richtige Antwort b) entschieden. Alle anderen trauten ihrer Wahrnehmung nicht mehr und schlossen sich der Mehrheitsmeinung an.

Dieses psychologische Experiment zum Gruppendruck zeigt sehr eindrücklich, was für Herdentiere wir doch sind.

> Überzeugungsprofis nutzen unser Bedürfnis nach konformem Verhalten, indem sie das Prinzip der sozialen Bewährtheit anwenden.

Es besagt, dass sich Menschen speziell in unsicheren Situationen vorzugsweise am Verhalten ihrer Mitmenschen orientieren. Wenn alle sich so verhalten, dann wird es schon richtig sein. So viele können sich ja schließlich nicht irren.
Bei einer Unterschriftenaktion wie der zuvor genannten hätten die Gemeindemitglieder also auch darauf hinweisen können, dass bisher alle Nachbarn auf der Liste unterschrieben haben. Verkäufer erklären ihren unsicheren Kunden, dass das ins Auge gefasste Kleidungsstück gerade Mode und im Augenblick sehr gefragt sei. Da könne man ganz bestimmt nichts falsch machen, sondern befinde sich auf der sicheren Seite.

Verstärkt wird dieses Argument noch, wenn sie zusätzlich das Ähnlichkeitsprinzip einsetzen: Die, die diese Kleidung jetzt tragen, sind nicht irgendwelche Leute, mit denen man sowieso nichts zu tun haben möchte, sondern Menschen aus dem sozialen Milieu des Kunden. Sie pflegen einen ähnlichen Lebensstil und sind deswegen bedeutsam für die Orientierung des Kunden.

Der Weg zur Manipulation ist hier natürlich nicht mehr weit. Mit der Aussicht, entweder zur Mehrheit der Vernünftigen und Klugen zu gehören oder in eine Außenseiterposition zu geraten, wird gezielt Druck auf den Gesprächspartner ausgeübt.

Seien Sie vorsichtig, wenn Sie solche Formulierungen hören:

- *„Wer halbwegs bei Trost ist, wird doch nicht bestreiten, dass …“*
- *„Es ist doch jedem hier vollkommen klar, dass …“*
- *„Alle vernünftig Denkenden sind der Meinung, dass …“*
- *„Es wird niemand ernsthaft leugnen, dass …“*

3.3 Kommunikationssperren erkennen

Menschen wollen eigenständig entscheiden, ob sie einer Ansicht zustimmen oder nicht. Unsere Freiheit ist uns heilig. Deswegen reagieren wir auf Formulierungen, die unseren Verhaltensspielraum einschränken, mit innerem Widerstand. Die Psychologie spricht bei dieser Abwehrhaltung von Reaktanz.

Übung 27

Stellen Sie sich vor, Herr Müller arbeitet als EDV-Experte in einem Unternehmen der Abfallbeseitigung. Er ist zuständig für eine Systemänderung bei der Abfallmengenerfassung. Seine Chefin trifft ihn gerade auf dem Flur. Wegen unvorhergesehener Vorkommnisse erwartet sie von ihm in der nächsten Woche Mehrarbeit bis in die Abendstunden hinein. Anders sei die Arbeit nicht zu stemmen. Er erklärt ihr, dass er nächste Woche Besuch von Freunden aus Südamerika bekommt und zumindest abends Zeit für sie haben möchte. Sonst ja gerne, aber das sei schon lange geplant.

Was erwarten Sie, wie die Chefin reagieren wird? Überlegen Sie sich drei mögliche Antworten.

- ______________________________
  ____
- ______________________________
  ____
- ______________________________
  ____

Versetzen Sie sich nun selbst in die Lage von Herrn Müller. Waren die Antworten geeignet, Sie für das dringende Anliegen der Chefin zu öffnen, oder hat ihre Reaktion Sie nur in eine Abwehrhaltung versetzt?

Die meisten Menschen erwarten bei dieser Übung Antworten von ihren Vorgesetzten, die sie in die Defensive treiben und für deren Anliegen verschließen.
Der amerikanische Psychologe Thomas Gordon hat solche destruktiven Äußerungen in zwölf Kategorien zusammengefasst. Weil sie einer Überzeugung garantiert im Wege stehen, hat er sie Kommunikationssperren genannt.
Überprüfen Sie bei der Lektüre der Kommunikationssperren bitte, ob die von Ihnen vermuteten Antworten in eine oder mehrere dieser Kategorien passen.

Die zwölf Kommunikationssperren nach Thomas Gordon
1. Befehlen, anordnen, auffordern ◆ *„Sie müssen das tun!"* ◆ *„Hören Sie auf damit!"* ◆ *„Gehen Sie sich bei ihr entschuldigen!"*
2. Warnen, mahnen, drohen ◆ *„Sie hätten besser dies oder das getan."* ◆ *„Das hätten Sie besser unterlassen."* ◆ *„Ich warne Sie, wenn Sie das tun, dann ..."*
3. Moralisieren, predigen, beschwören ◆ *„Sie sollten das unbedingt tun!"* ◆ *„Das sollten Sie auch noch versuchen!"* ◆ *„Ich bitte Sie, es genau so zu tun!"*
4. Beraten, Vorschläge machen, Lösungen liefern ◆ *„Wenn Sie mich fragen, ..."* ◆ *„Es wäre am besten für Sie, wenn Sie ..."* ◆ *„Warum versuchen Sie es nicht mal so ...?"*
5. Sich auf Logik berufen, Vorträge halten, Gründe anführen ◆ *„Sind Sie sich darüber im Klaren, dass ..."* ◆ *„Die Tatsachen sprechen eindeutig dafür, dass ..."* ◆ *„Lassen Sie mich die Fakten einmal darlegen."*
6. Urteilen, kritisieren, widersprechen, Vorwürfe machen ◆ *„Sie sind auf dem falschen Weg!"* ◆ *„Sie haben unrecht!"* ◆ *„Wie dumm von Ihnen, so etwas zu sagen!"*
7. Scheinbar loben, zustimmen, schmeicheln ◆ *„In der Regel haben Sie ein sicheres Urteil."* ◆ *„Bisher haben Sie es immer geschafft."* ◆ *„Sie sind doch ein intelligenter Mensch."*

8. Beschimpfen, lächerlich machen, beschämen

- *„Sie arbeiten schlampig."*
- *„Sie stellen sich wirklich dumm an."*
- *„Sie können keinen klaren Gedanken fassen."*

9. Interpretieren, analysieren, diagnostizieren

- *„Das sagen Sie, weil Sie ärgerlich sind."*
- *„Sie haben ein Autoritätsproblem."*
- *„Sie wollen doch nur Eindruck schinden."*

10. Beruhigen, Sympathie äußern, trösten, aufrichten

- *„Morgen werden Sie anders darüber denken."*
- *„Es wird schon wieder besser werden."*
- *„So schlimm ist es doch gar nicht."*

11. Forschen, ausfragen, verhören

- *„Warum haben Sie das getan?"*
- *„Was haben Sie dafür getan, um eine Lösung zu finden?"*
- *„Haben Sie sich schon mit jemandem besprochen?"*

12. Ablenken, ausweichen, aufziehen

- *„Das hat doch auch sein Gutes!"*
- *„Sie haben vielleicht Probleme!"*
- *„Das erinnert mich an eine Zeit, als …"*

Der skeptische Leser wird nun vielleicht einwenden, dass es speziell im Arbeitsleben doch auch sinnvoll und zuweilen geboten sei, wenn Sie Anweisungen geben, belehren, Vorschläge machen und Urteile abgeben. Das ist auch ganz in Ordnung.

> Zu Kommunikationssperren werden diese Äußerungen erst dann, wenn Ihr Gesprächspartner mit einem Problem an Sie herantritt und Sie ihn auf diese Weise abspeisen.

Dann blockieren Sie eine offene Kommunikation. Ihr Gegenüber fühlt sich unfair behandelt (so wie 60 Prozent der deutschen Arbeitnehmer!) und reagiert bestenfalls mit

Schweigen. Das sind dann die Situationen, über die zu Hause lakonisch gesagt wird: *„Ach, ich denk mir da meinen Teil und lass sie eben reden."*

Übung 28

Beobachten Sie sich im Laufe der kommenden Woche selbst, wie häufig Sie in Gesprächen zu Kommunikationssperren greifen. Wenn Sie es feststellen, tadeln Sie sich bitte nicht. Das Bewusstwerden soll Sie zunächst nur für Ihre Überzeugungskünste sensibilisieren.

Bevor Sie Neues hinzulernen, ist es manchmal einfach nötig, dass Sie zuvor Altes aufgeben. Schon allein das Reduzieren der gewohnten Kommunikationssperren bringt Sie einen entscheidenden Schritt nach vorne. Ihre Gesprächspartner öffnen sich dann viel leichter für Ihre Anliegen. Damit steigt die Chance auf eine Wahrnehmungsveränderung beträchtlich.

4 Umgang mit Widerständen

Nun müsste es doch eigentlich klappen mit dem Überzeugen. Sie stehen entschieden hinter Ihrer Sache und strahlen die nötige Überzeugungskraft aus. Sie haben Ihre Sichtweise stichhaltig begründet und sympathisch vertreten. Es ist Ihnen auch gelungen, auf die gefährlichen Kommunikationssperren zu verzichten. Und dennoch: Ihr Gesprächspartner schließt sich Ihrer Meinung einfach nicht an. Das ist sein gutes Recht.

> Entscheidend ist nun, wie Sie mit diesem Widerstand umgehen. Denn an Ihrem weiteren Verhalten beweist sich Ihre Glaubwürdigkeit.

Wenn Sie die Ablehnung oder das kritische Nachfragen persönlich nehmen und daraufhin energisch werden, dann haben Sie erst jetzt verloren. Denn der andere merkt, dass Sie sich nicht souverän verhalten, und muss befürchten, dass Sie sich Ihrer Sache doch nicht so sicher sind. Außerdem beginnen Sie in solchen Momenten die Beziehungsebene zu gefährden.
Echte Überzeugungsprofis dagegen spornt der Widerstand erst so richtig an. Jetzt können sie nämlich zeigen, was sich nach den Regeln der Kunst so alles machen lässt.
Widerstände äußern sich in unterschiedlicher Intensität. Das reicht von Einwänden über Killerphrasen bis hin zu unsachlichen Angriffen.

4.1 Einwände behandeln

Einwände sind Bedenken gegenüber inhaltlichen Positionen. Ihr Gesprächspartner hat in solchen Fällen eine andere Sichtweise der Dinge und zweifelt Ihre Argumentation an.

Die Gefahr ist nun, dass Sie von Ihrer Ansicht so überzeugt sind, dass Sie die Gegenposition unreflektiert sofort für falsch halten und im Grunde gar nicht hören wollen. Dann halten Sie dagegen. Das wiederum verstärkt die Abwehr des anderen. Die unterschiedlichen Positionen verschärfen sich und die Hoffnung auf eine Annäherung der Sichtweisen schwindet.

Übung 29

Beobachten Sie bei öffentlichen Diskussionen oder bei Auseinandersetzungen im Berufs- und Privatleben, wie die Diskutierenden jeweils mit den unterschiedlichen Sichtweisen und Einwänden umgehen. Haben Sie den Eindruck, dass sie einander wertschätzend zuhören und ernsthaft an den Einwänden des anderen interessiert sind?

Häufig können Sie als Reaktion auf einen Einwand ein „*Ja, aber …*“ vernehmen. Bevor die eine fertig gesprochen hat, bastelt der andere schon längst an den Gegenargumenten. In dieser Zeit hört er nur mit halbem Ohr hin. Innerlich ist er überzeugt, dass sie im Unrecht ist und ihn einfach noch nicht richtig verstanden hat. Deswegen muss er ihr nochmals erklären, wie die Dinge richtig liegen. Notfalls fällt er ihr dazu ins Wort. Das heizt die Stimmung auf und die Spannungen nehmen zu.

„Ja, aber“ signalisiert mangelnden Respekt

Was heißt denn das: „*Ja, aber …*“? Überraschen Sie einmal jemanden damit, der diese Redewendung als Einwand benutzt, und fragen Sie nach: „*Du hast mir mit deinem Ja gerade teilweise zugestimmt. Was ist es denn, was dich an meiner Aussage überzeugt hat?*“ Vermutlich werden Sie eine deutliche Irritation bei Ihrem Gegenüber feststellen. Zustimmung? Wobei?

Na, vor dem „Aber“ kam ein „Ja“ – und das ist ein Zeichen der Zustimmung. Das ist dem Sprechenden selten bewusst, weil das „Ja“ so schnell übergangen wird und meist nur floskelhaft gebraucht wird. Im Zentrum der Aussage steht das „Aber“. Und das entwertet die Behauptung des anderen, weil es sofort zu einer Gegenbehauptung ansetzt.
Hören Sie stattdessen aufmerksam zu, welche Einwände Ihr Gesprächspartner vorbringt. Zeigen Sie ernsthaftes Interesse an seiner Sichtweise und versuchen Sie, diese zu verstehen.

> Bevor Sie also die Gegenposition gleich wieder zu entkräften versuchen, hören Sie erst einmal zu.

Das klingt so einfach, ist aber für viele Menschen eine der schwersten Übungen. Sie haben es verlernt, in Ruhe zuzuhören, und befürchten, dass dieses Verhalten als Zustimmung missverstanden werden könnte und Sie damit auf der Verliererseite landen. Verstehen bedeutet aber noch lange nicht zustimmen!

Kontrollieren Sie, ob Sie richtig verstanden haben

Versuchen Sie durch aktives Zuhören, den sachlichen Kern des Einwands herauszuschälen. Falls die Gedanken Ihres Gegenübers sehr klar und präzise sind, müssen Sie seine Aussage im Grunde nur wiederholen. Das signalisiert dem anderen, dass Sie ihn verstanden haben. Nur unter dieser Voraussetzung wird er nun bereit sein, sich auf Ihre Erwiderung einzulassen. Jetzt kann ein interessanter Gedankenaustausch in Gang kommen, der zu bisher ungeahnten Lösungen führen kann.
Sind die Gedanken des anderen dagegen durcheinander und unlogisch, dann können Sie ihm die mangelnde Schlüssigkeit in Ihrer Zusammenfassung auf indirekte Weise vor Augen führen. Vielleicht korrigiert er sich dann selbst und Sie stellen zu Ihrer Überraschung fest, dass sich ein Dagegenhalten von allein erübrigt hat.

Formulierungsvorschläge für die Verständniskontrolle:

- *„Sie meinen also, dass …"*
- *„Verstehe ich Sie richtig, dass …"*
- *„Wenn ich Sie recht verstehe, geht es Ihnen um …"*

Üben Sie den kontrollierten Dialog

Überzeugungsversuche enden also vielfach in langem Debattieren. Dabei hat die Debatte eine ganz andere Zielrichtung als die gewöhnliche Diskussion. Denn bei Letzterer geht es tatsächlich darum, den Gesprächspartner von der eigenen Meinung zu überzeugen. Sie müssen ihn für sich gewinnen.
Die Idee von einem Sieger und einem Verlierer gehört dagegen zur Debatte. Dieses Streitgespräch richtet sich – wie z.B. bei Bundestagsdebatten zu beobachten – primär an die Zuhörer. Nur sie sollen überzeugt werden, nicht der Gesprächspartner. Die Zuhörer im Publikum sollen sich ein Bild machen, wer die besseren Argumente hat.

Um nicht in diesen Sog des Rechthabens zu geraten, müssen Sie Ihren ersten Impulsen bei der Reaktion auf Einwände widerstehen. In der Gesprächsführung nennt man das Verfahren mit der Verständniskontrolle deswegen einen kontrollierten Dialog.

Übung 30

Führen Sie bei der nächsten Meinungsverschiedenheit einen kontrollierten Dialog. Hören Sie sich die Einwände Ihres Gesprächspartners in aller Ruhe an, fassen Sie das Verstandene nochmals zusammen und hinterfragen Sie es gegebenenfalls. Äußern Sie erst dann Ihre eigene Auffassung, wenn Sie sicher sind, dass sich Ihr Gegenüber richtig wiedergegeben fühlt. Nehmen Sie wahr, wie sich die Gesprächsqualität durch diese Form der Einwandbehandlung verändert.

4.2 Killerphrasen abwehren

Einwände lassen sich gut als Anregungen für einen intensiven Gedankenaustausch aufnehmen. Mit Killerphrasen wird es da deutlich schwerer. Denn hier sucht Ihr Gegenüber eben gerade nicht die inhaltliche Auseinandersetzung. Es signalisiert Ihnen vielmehr, dass es keine Diskussion wünscht. Deswegen fertigt es Sie mit Phrasen ab.

Das sind nichtssagende Äußerungen, die Ihnen die Vergeblichkeit Ihres Überzeugungsversuchs vor Augen führen sollen. Der andere will Sie damit einschüchtern und mundtot machen. Ihre Behauptungen sollen mit Phrasen abgewürgt oder „gekillt" werden.

Wir alle kennen und verwenden Killerphrasen. Sie kommen uns öfter über die Lippen, als wir meinen. Um sie schneller identifizieren zu können, ist es sinnvoll, sie in übergeordneten Kategorien zusammenzufassen. Das erleichtert den Überblick. Im Folgenden greifen wir auf eine Systematisierung der Kommunikationstrainerin Meike Müller zurück.

Killerphrasen

A. Beharrungs-Killerphrasen

- *„Das haben wir schon immer so gemacht."*
- *„Das haben wir noch nie so gemacht."*
- *„Bislang sind wir auch ganz gut ohne XY ausgekommen."*
- *„Das ist doch allgemein bekannt, dass sich so etwas nicht machen lässt."*
- *„Wir haben eh schon genug zu tun. Warum jetzt auch noch so was?"*
- *„Das ist für uns viel zu modern."*

B. Autoritäts-Killerphrasen

- *„Was hier wichtig ist, bestimme immer noch ich."*
- *„Lassen Sie sich das von mir sagen: Das geht so nicht!"*
- *„Die Frage kann man so nicht stellen."*

- *„Damit kann ich mich nicht beschäftigen: Ich habe Wichtigeres zu tun.“*
- *„Kommen Sie erst mal in mein Alter, dann sehen Sie das auch anders.“*
- *„Darüber brauchen wir gar nicht erst zu reden.“*

C. Besserwisser-Killerphrasen

- *„Du siehst das völlig falsch.“*
- *„So, wie Sie die Sache anpacken, wird das nie etwas.“*
- *„Das ist doch reine Theorie. In der Praxis sieht das ganz anders aus.“*
- *„Ich weiß schon, wie das endet.“*
- *„Um das beurteilen zu können, fehlt Ihnen einfach die Erfahrung.“*
- *„Mit dieser Idee werden Sie niemanden überzeugen.“*

D. Bedenkenträger-Killerphrasen

- *„Was werden die anderen dazu sagen?“*
- *„Wie soll denn das gehen?“*
- *„Das lässt sich zeitlich doch gar nicht machen.“*
- *„Ich finde Ihre Idee ja nicht schlecht, aber der Chef wird bestimmt etwas dagegen haben.“*
- *„Haben Sie schon mal darüber nachgedacht, welche Folgen das haben kann?“*

E. Vertagungs-Killerphrasen

- *„Das sollten wir nochmals überdenken.“*
- *„Kommt Zeit, kommt Rat.“*
- *„Wir sollten auf jeden Fall nichts überstürzen.“*
- *„Darüber reden wir ein anderes Mal.“*
- *„Wir werden bei Gelegenheit darauf zurückkommen.“*

Übung 31

Gibt es Sätze aus dieser Liste, die Sie besonders aufregen? Jeder von uns hat einen wunden Punkt, an dem ihn solche Abfertigungen besonders treffen. Dort ist die erlebte Ohnmacht am stärksten. Wie reagieren Sie darauf?

Die großen Fehler im Umgang mit Killerphrasen

Es gibt zwei große Fehler, die Sie machen können, wenn Sie auf Killerphrasen reagieren:

- Der eine besteht darin, jetzt argumentieren zu wollen. Das wird Sie nicht weiterführen. Denn der andere hat Ihnen auf der Sachebene bereits ein deutliches Stopp-Signal erteilt. Wenn Sie nun seine Phrase mit stichhaltigen Argumenten entkräften wollen, lösen Sie nur eine nervende Scheindebatte aus. Die Phrase ist ja lediglich vorgeschoben und steht eigentlich für ein grundsätzlicheres Nein.
- Ein anderer Fehler ist es, wenn Sie die Fassung verlieren. Natürlich kann es einen ärgern, wenn uns jemand mit Phrasen auf eine billige Tour abfertigen möchte. Da fehlt jegliche Wertschätzung. Die Frage ist nur, ob Sie das Heft des Handelns so weit an den anderen abgeben wollen, dass Sie sich jetzt auch noch aufregen. Denn in der Sache erreichen Sie so gar nichts mehr, wenn Sie laut werden. Sie zeigen dem anderen nur: Getroffene Hunde bellen am lautesten.

Lassen Sie sich nicht abfertigen

Demonstrieren Sie stattdessen unmissverständlich und in aller Souveränität, dass Sie sich auf diese Weise nicht abfertigen lassen. Bauen Sie dazu in einem Satz die Brücke, die Ihr Gegenüber abreißen wollte, und kommen Sie dann ohne Umschweife wieder auf Ihr Anliegen zurück.

Beispiel

- Killerphrase: *„Das war schon immer so.“*
  Antwort: *„Ja, das hat in der Vergangenheit auch gut funktioniert. Wir können es jedoch noch optimieren, wenn wir …“*
- Killerphrase: *„Das haben wir noch nie so gemacht.“*
  Antwort: *„Ich weiß, die Idee ist neu. Dafür können wir so noch viel mehr …“*

In diesen beiden Fällen zeigen Sie zunächst Verständnis für die Abwehr Ihres Gesprächspartners. Denn sehr oft steht kein böser Wille hinter der Abfuhr, sondern Angst vor Veränderung. Danach laden Sie zu einem Blick nach vorne ein und plädieren wieder für Ihren Standpunkt.

Noch direkter geht es, wenn Sie Ihr Gegenüber einfach beim Wort nehmen und auf diese Weise wieder an Ihre Position anknüpfen.

Dann findet der Brückenbau schon implizit statt.

Beispiel

- Killerphrase: „*Ich finde die Idee ja nicht schlecht, aber die anderen sind bestimmt dagegen.*"
  Antwort: „*Dann sind wir schon zwei. Jetzt müssen wir nur noch überlegen, wie wir die anderen überzeugen.*"
- Killerphrase: „*Das lässt sich zeitlich doch gar nicht machen.*"
  Antwort: „*In erster Linie ist es eine Frage der Organisation.*"

Sie können Ihre Standfestigkeit auch demonstrieren, indem Sie Fragen an Ihr Gegenüber richten. Denn Sie wissen ja: Wer fragt, der führt. Mit Ihrer Frage spuren Sie den Weg in die Richtung, in der es konstruktiv weitergehen kann.

Beispiel

- Killerphrase: „*Sie sehen das völlig falsch.*"
  Antwort: „*Was genau überzeugt Sie nicht?*"
- Killerphrase: „*Theoretisch klingt das gut, aber praktisch funktioniert das nicht.*"
  Antwort: „*Sie wollen wissen, wie sich diese Ansicht in der Praxis umsetzen lässt?*"

Übung 32

Finden Sie für die folgenden fünf Killerphrasen freundliche Antworten, die anderen deutlich signalisieren, dass Sie sich davon nicht einschüchtern lassen und am Thema dranbleiben wollen.

- „Ich weiß schon, wie das endet.“
  ___
- „Die Frage kann man so nicht stellen.“
  ___
- „Darüber brauchen wir erst gar nicht zu reden.“
  ___
- „Ich bin mir sicher, dass das nicht klappt.“
  ___
- „Das würde unseren Prinzipien widersprechen.“
  ___

4.3 Unsachliche Angriffe kontern

Killerphrasen können verletzend sein, weil uns da jemand auf die Schnelle abfertigen möchte und sich keine Mühe macht, sich mit unserer Argumentation auseinanderzusetzen. Es fehlt dem Gesprächspartner auch an der Freundlichkeit, einfach mitzuteilen, dass es ihm im Moment nicht passt oder er sich damit überfordert fühlt.
Heftiger wird es allerdings, wenn andere uns direkt beleidigen, weil ihnen unsere Behauptungen nicht einleuchten. Aber auch bei persönlichen Angriffen geht es um die Frage, wie Sie souverän agieren und für eine sachliche Fortsetzung des Gesprächs sorgen können.

> Die Kunst besteht darin, sich weder zum Opfer noch zum Gegenaggressor machen zu lassen.

Übung 33

Stellen Sie sich vor, wie Ihr Chef Sie anraunzt: *„Was reden Sie da für ein dummes Zeug?“* Oder eine Kollegin fährt Ihnen vor versammelter Mannschaft mit der Bemerkung über den Mund: *„Musst du eigentlich immer eine so große Klappe haben?“* Welcher innere Impuls meldet sich bei Ihnen? Was möchten Sie am liebsten antworten?

Werden Sie schlagfertiger

Jetzt ist eine schlagfertige Reaktion gefragt, mit der Sie einerseits Ihre Wehrhaftigkeit demonstrieren, andererseits ein neues und faires Kommunikationsangebot unterbreiten.
Wie soll das gehen? Weder den Ärger runterschlucken und dabei falsche Freundlichkeit vorspielen noch wütend zurückschlagen?

> Das geht nur, indem Sie definieren, was der andere gerade gesagt hat.

Wie das geht, können Sie jeden Tag im Fernsehen beobachten, wenn Politiker nicht direkt auf die Fragen von Journalisten antworten, sondern diese nur zum Anlass nehmen, um auf etwas zu sprechen zu kommen, das ihnen angenehmer ist. Wenn sich diese Haltung verselbstständigt hat, dann wird es freilich bedenklich.
Ansonsten können wir von dieser Kunst des souveränen Ausweichens eine Menge lernen. Denn genau dadurch vermeiden Sie die Opferrolle und behalten die Fäden des Geschehens in der Hand. Entschärfen Sie die Angriffe von anderen so, dass Sie erst gar nicht verletzt werden können!

Verwenden Sie die Dolmetschertechnik

Bei dieser Methode des Konterns greifen Sie eine Grundaussage der Psychologie auf, wonach jede positive Verhaltenseigenschaft in der Gefahr ist, durch Übertreibung in eine negative Eigenschaft abzurutschen. Zu viel von etwas ist schädlich. So ist Sparsamkeit eine Tugend, Geiz dagegen ein Laster. Gut ist es, wenn jemand kreativ ist, schlecht, wenn er jeden Tag mit neuen verrückten Ideen kommt.
Mit der Dolmetschertechnik kontern Sie nun, indem Sie den Spieß umdrehen.

> Das, was man Ihnen beleidigend vorwirft, definieren Sie in etwas um, dem Sie problemlos zustimmen können.

Sie suchen ganz einfach nach dem positiven Kern der Negativaussage und bejahen diesen. Das nimmt jedem Angriff die Spitze.

Beispiel
Ihr Kollege wird zunehmend unruhig, als Sie ihm Ihren Standpunkt detailliert mit vielen Zahlen und Statistiken begründen wollen. Ihm reicht der grobe Überblick, um sich so ungefähr orientieren zu können. Deswegen macht er sich über Sie lustig und nennt Sie einen unverbesserlichen Erbsenzähler. Sie können darauf elegant kontern, indem Sie ihm zu seiner Überraschung recht geben – allerdings unter Ihren Bedingungen. Das lautet dann so: *„Wenn du damit sagen willst, dass ich die Arbeit ernst nehme und genau arbeiten möchte, dann hast du recht."* Denn der positive Kern des überkorrekten Pedanten ist der gewissenhafte und genaue Mensch.

Übung 34

Formulieren Sie die folgenden drei Beleidigungen nach der Dolmetschertechnik so um, dass Sie ihnen frohen Herzens zustimmen können. Sie werden dann feststellen, dass der andere Sie auf diese Weise gar nicht verletzen kann.

- „Sie Angeber!"
  ____
- „Sie Langweiler!"
  ____
- „Sie Spinner!"
  ____

Hinter Unverschämtheiten stehen unerfüllte Bedürfnisse

Angriffe lassen sich auch dadurch entschärfen, dass Sie sich nicht von der vordergründigen Aussage bluffen lassen. Denn hinter Beleidigungen und Unverschämtheiten stehen immer unerfüllte Bedürfnisse, die im Moment nicht anders ausgedrückt werden können.

So weiß man in der Psychologie, dass Wut ein typisches Sekundärgefühl ist. Jeder kennt das: Wenn Sie sich auf etwas freuen und dieses Bedürfnis nicht in Erfüllung geht, dann melden sich Gefühle der Enttäuschung. Diese unangenehmen Gefühle sind die Primärgefühle. Wie sehr kommt es uns da entgegen, wenn wir jetzt Verantwortliche für unser Missgeschick finden. Dann müssen wir den Schmerz nicht fühlen und können uns in Wut und Ärger hineinsteigern. Die anderen sind schuld an unserer Situation.

> Wenn Sie also wieder einmal von jemandem unsachlich angegriffen werden, dann bedauern Sie sich nicht selbst, sondern richten Sie Ihr Augenmerk auf den anderen.

Was will er mir eigentlich sagen und kann es nicht, weil er sich in den Ärger geflüchtet hat? Um was geht es wirklich? Erst wenn das zur Sprache kommt, können wir wieder zur Sache zurückkehren. Ansonsten verlieren wir uns in unproduktiven Scheingefechten.

Beispiel

Eine alte Dame liegt als Patientin in einem Krankenhaus. Die Zusammenarbeit mit ihr gestaltet sich schwierig, weil sie an allem etwas auszusetzen hat. Als die Stationsärztin sie von der Notwendigkeit einer unangenehmen Behandlung überzeugen möchte, schimpft sie: *„Hier ist man ja nur eine Nummer. Alle rennen bloß geschäftig umher. So was hätte es früher nicht gegeben, mein Frollein. Das ist ja grausam hier."* Wenn sich die Ärztin nun verteidigt und auf die schwierige Personaldecke des Hauses hinweist, dann wird sie die enttäuschte Patientin nicht gewinnen können. Denn wahrscheinlich wollte sich die Dame nicht über die Dienstplangestaltung mit ihr unterhalten. Hinter ihrer Entrüstung steckt gewiss ein anderes Gefühl, wahrscheinlich das der Einsamkeit. Würde sich die Ärztin auf das einlassen, ließe sich die Feindseligkeit schnell aus der Welt schaffen. So sagt sie zur Patientin: *„Sie sind enttäuscht, dass wir zu wenig Zeit für Sie haben, und würden sich freuen, wenn wir uns mehr um Sie kümmerten."* Damit öffnet sie der Patientin den Weg, über das zu sprechen, was sie wirklich bewegt. Und sich selbst hat sie so effektiv vor weiteren Angriffen geschützt.

Übung 35

Erinnern Sie sich an einen persönlichen Angriff, der gegen Sie gerichtet war. Wie haben Sie reagiert? Stellen Sie jetzt Vermutungen darüber an, welches Bedürfnis aufseiten des Angreifers enttäuscht wurde. Offenbar konnte er es selbst nicht zum Ausdruck bringen und hat stattdessen Sie zum Schuldigen erklärt. Wie könnten Sie ihm eine Brücke bauen, um von dem zu sprechen, um das es eigentlich geht?

5 Adressaten-orientierung

Wer über eine gute Menschenkenntnis verfügt, hat einen entscheidenden Vorteil, wenn es darum geht, andere zu überzeugen. Denn er versteht, wie andere „ticken“, und kann seine Argumentation zielgerichtet daran ausrichten. Er beherrscht die Kunst, die Adressaten seiner Botschaft genau so anzusprechen, dass diese sich wahrgenommen und verstanden fühlen.

5.1 Das Enneagramm als Modell für die Adressatenorientierung

Schärfen Sie Ihre Sinne für die bevorzugten Wahrnehmungsweisen Ihres Gesprächspartners. Erfassen Sie, was andere wirklich motiviert und wo ihre Präferenzen des Wahrnehmens, Denkens, Fühlens und Handelns liegen. Mit dem Persönlichkeitsmodell des Enneagramms wollen wir Ihnen neun Persönlichkeitsprofile vorstellen, die je nach ihrer grundsätzlichen Orientierung ganz unterschiedlich überzeugt werden wollen. Was für den einen ein „Türöffner“ ist, ist für den anderen ein „Alarmknopf“, und umgekehrt.

Natürlich lässt sich nicht jeder Mensch eindeutig einem dieser Profile zuordnen. Aber die Erfahrung zeigt, dass Menschen bei näherem Hinsehen viel Typisches aufweisen, das sie einander ähnlich macht. Die folgenden Beschreibungen der verschiedenen Persönlichkeitsprofile zeigen Ihnen, …

1. wie man die Aufmerksamkeit von Menschen des jeweiligen Persönlichkeitsprofils gewinnt,
2. was für einen guten Beziehungsaufbau wichtig ist,
3. wie man sie überzeugen kann und
4. was Sie im Kontakt mit Menschen dieses Typs unterlassen sollten.

Überblick über die neun Persönlichkeitsprofile des Enneagramms

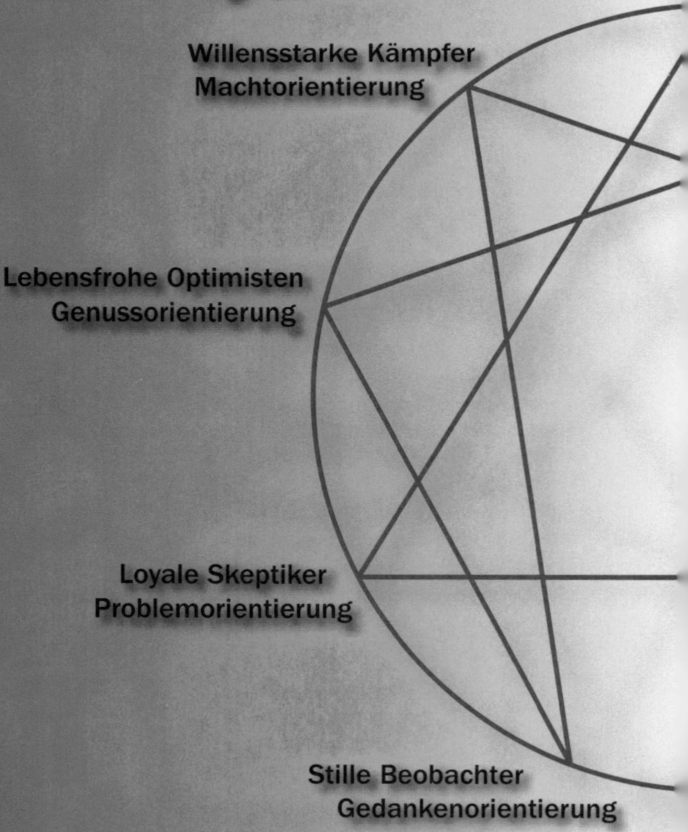

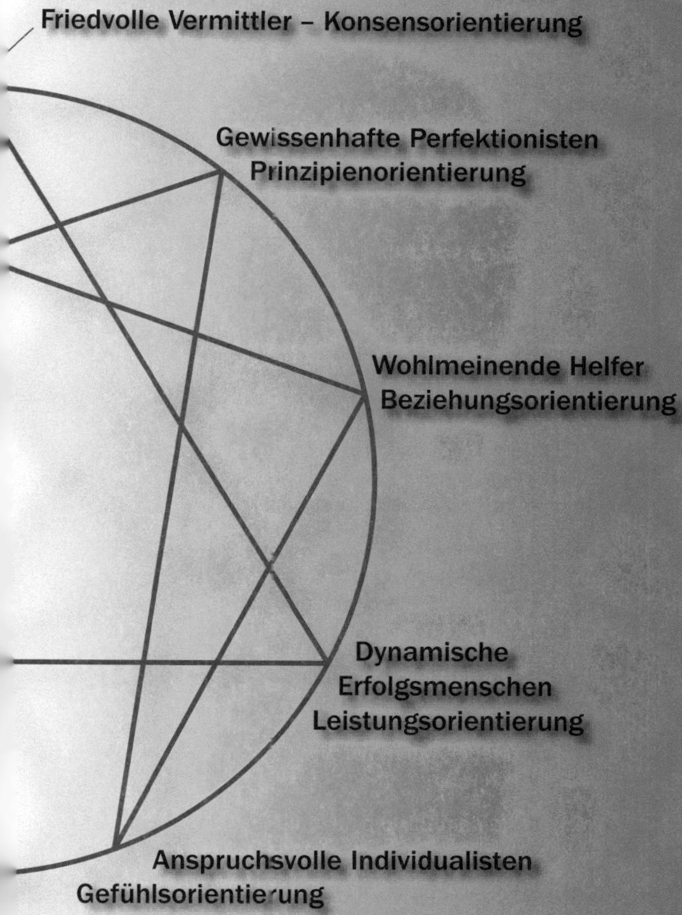
Friedvolle Vermittler – Konsensorientierung
Gewissenhafte Perfektionisten
Prinzipienorientierung
Wohlmeinende Helfer
Beziehungsorientierung
Dynamische
Erfolgsmenschen
Leistungsorientierung
Anspruchsvolle Individualisten
Gefühlsorientierung

5.2 Willensstarke Kämpfer

Alias-Namen

Bosse – Machtmenschen – Beschützer – Bad Boy / Bad Girl

Fokus

Machtorientierung

Typische Eigenschaften

stark – offen – direkt – energiegeladen – entscheidungsfreudig – durchsetzungsfähig – souverän – führungsstark – zupackend – risikofreudig

Typisches Zitat

„Bei mir kann jeder machen, was ich will.“

Wie man ihre Aufmerksamkeit gewinnt

Zeigen Sie Ihr Interesse auf direktem Weg. Machen Sie deutlich, dass Sie etwas bewegen wollen und bereit sind, für Ihre Überzeugungen zu kämpfen. Dabei leisten Kämpfer gern auch Beistand.

Was für den Beziehungsaufbau wichtig ist

Begegnen Sie Kämpfern auf Augenhöhe, denn sie mögen es weder, wenn man von oben auf sie herabschaut, noch wenn man sich duckt.

Weichen Sie dem Blickkontakt nicht aus. Schauen Sie interessiert, fixieren Sie Ihr Gegenüber aber nicht.

Reden Sie klar und deutlich, ohne zu schreien.

Typisch für Kämpfer ist ein Schwarz-Weiß-Denken. Die Einstufung des Gegenübers geschieht spontan und intuitiv. Wenn Sie in der weißen Schublade gelandet sind, dürfen Sie sich nähern und in das Hoheitsgebiet des Kämpfers eintreten. Befinden Sie sich in der schwarzen Schublade, sollten Sie sehr vorsichtig sein und um Erlaubnis bitten, bevor Sie näher treten. Auf den zweiten Blick revidieren auch Kämpfer durchaus ihren ersten Eindruck.

Kämpfer unterziehen andere gern einem spontanen Stresstest, indem sie provozieren. Bleiben Sie in derartigen Situationen gelassen, argumentieren Sie sachlich und zeigen Sie Rückgrat, indem Sie Ihre Position verteidigen.

Wie man sie überzeugen kann

Kommen Sie direkt zur Sache und sagen Sie, was Sie wollen. Schauen Sie Kämpfer dabei an und konzentrieren Sie sich voll auf die Sache. Bilden Sie einfache, kurze Sätze. Fassen Sie sich so kurz wie möglich und verzichten sie auf Floskeln. Viele Kämpfer vertreten den Standpunkt: *„Bei mir kriegt jeder drei Minuten, und wenn er dann nicht rausgebracht hat, was er von mir will, dann kann er einpacken."*

Kämpfer haben eine starke eigene Meinung. Sie zu überzeugen, ist nicht einfach. Eine gute Absicht oder eine logische Argumentation allein reichen nicht. Sie müssen selbst an Ihre Sache glauben und bereit sein, dafür zu kämpfen. Zeigen Sie vor allem, dass Sie handeln und nicht nur reden wollen. Machen Sie deutlich, dass Sie auf die Unterstützung des Kämpfers Wert legen. Kämpfer unterstützen gern auch mal riskante Projekte oder Ideen von Querdenkern. An Mut fehlt es ihnen nicht. Angepasstheit und Mainstream sind ihnen zuwider.

Was man unterlassen sollte

Jammern, klagen, schmeicheln, um den heißen Brei herumreden, Dinge durch die Blume sagen, flüstern, schreien, petzen, tratschen, lästern, Selbstüberschätzung und Selbstgerechtigkeit – die Liste der Dinge, die man hier unterlassen sollte, ist lang.

Verzichten Sie auf Wiederholungen. Falls nötig, erklären Sie, warum Sie das tun.

Kämpfer mögen keine Ja-Sager und Opportunisten! Reden Sie ihnen also nicht nach dem Mund.

Treiben Sie keine Machtspiele.

Kämpfer werden schnell wütend. In diesem Zustand dürfen Sie keine sachliche Auseinandersetzung mehr erwarten.

Steigen Sie nicht ein in die Aggressionsspirale, sondern setzen Sie auf Deeskalation. Vertagen Sie das Thema auf einen Zeitpunkt, bis zu dem sich die Gemüter wieder beruhigt haben. Ansonsten laufen Sie Gefahr, als Verlierer aus dem Ring zu steigen.

Manchmal streiten Kämpfer nur aus Prinzip oder aus Langeweile. Auch in diesen Fällen hat man schlechte Karten, wenn man etwas von ihnen will.

5.3 Friedvolle Vermittler

Alias-Namen

Teamplayer – Verständnisvolle – Diplomaten – Mr./Mrs. Kompromiss

Fokus

Konsensorientierung

Typische Eigenschaften

freundlich – offen – taktvoll – geduldig – ausdauernd – flexibel – hilfsbereit – ausgleichend – tolerant – uneigennützig

Typisches Zitat

„Der Klügere gibt nach, aber nicht auf."

Wie man ihre Aufmerksamkeit gewinnt

Vermittler sind eher zurückhaltend. Sie schätzen es, wenn man sich für sie und ihre Meinung interessiert und freundlich auf sie zugeht.

Was für den Beziehungsaufbau wichtig ist

Freundlichkeit und Offenheit sind hier gefragt. Sorgen Sie für eine möglichst angenehme Gesprächsatmosphäre.

Hören Sie ihnen gut zu und unterbrechen Sie sie nur, wenn unbedingt nötig.

Achten Sie darauf, nicht laut oder aggressiv zu werden.

Vermittler sind sehr empathische Menschen. Bemühen Sie sich also ebenfalls um Einfühlungsvermögen.

Nehmen Sie sich Zeit für den Überzeugungsprozess und zeigen Sie Geduld. Druck und Bevormundung sind hier extrem kontraproduktiv.

Gehen Sie respektvoll mit Ihrem Gegenüber um und beweisen Sie ein gutes Gespür für Nähe und Distanz.

Vermittler lassen oft mehr Nähe zu, als es ihnen eigentlich recht ist. Sie grenzen sich zu spät und nicht deutlich genug ab.

Wie man sie überzeugen kann

Vermittler sind offene und vorurteilsfreie Zuhörer. Mehr als andere gehen sie davon aus, dass ihr Gegenüber eine gute Absicht verfolgt. Sie sind immer bereit, sich von guten Argumenten überzeugen zu lassen, und sehen sofort das Berechtigte an Ihren Argumenten.

Vertreten Sie also nicht nur die eigene Position, sondern berücksichtigen Sie auch die Auswirkungen der Sache auf andere Beteiligte. Wem stiftet die Sache Nutzen? Wer wird unter Umständen benachteiligt? Wägen Sie sorgfältig ab.

Bleiben Sie jedoch immer auf das Ziel ausgerichtet und bewahren Sie eine klare Linie. Schweifen Sie nicht ab und führen Sie Vermittler immer in die Spur zurück, wenn diese selbst abschweifen, was häufiger vorkommen kann.

Vermittler können sich nicht nur gut in andere hineinversetzen, sie haben auch einen ausgeprägten Sinn für Gerechtigkeit. Ihnen ist es wichtig, dass niemand benachteiligt oder ausgeschlossen wird. Achten Sie selbst auch darauf.

Bemühen Sie sich um Bescheidenheit, damit punkten Sie!

Vermittler sind die Anwälte des Verbindenden und nicht des Trennenden. Bauen Sie argumentative Brücken, auch wenn am Ende nicht alle zufrieden gestellt werden können. Dafür sind Vermittler Realisten genug. Aber zumindest an alle gedacht zu haben, ist ihnen wichtig.

Was man unterlassen sollte

Laut und unfreundlich werden, Druck und Zwang ausüben, Egoismus, Schaumschlägerei, immer im Mittelpunkt stehen wollen, Kraftmeierei – all das sollte man im Kontakt mit friedvollen Vermittlern vermeiden.

Hüten Sie sich vor Selbstgerechtigkeit und der Abwertung anderer Meinungen. Schließen Sie niemanden aus.

Vermittler sind sehr empfindlich gegenüber Gewalt in der Sprache. Bemühen Sie sich also um eine gewaltfreie Kommunikation.

Fühlen Vermittler sich bedrängt, reagieren sie stur oder trotzig. Dann sind sie für Argumente kaum noch zugänglich.

Wenn Vermittler gar das Gefühl bekommen, dass ihre Gutmütigkeit ausgenutzt wird, können sie sehr böse werden und setzen dem Gegenüber unter Umständen sogar den Stuhl vor die Tür.

Mit Kompromisslosigkeit macht man sich Vermittler zu erbitterten Gegnern – und meistens unterschätzt man sie dann auch noch. Hier ist Vorsicht geboten.

5.4 Gewissenhafte Perfektionisten

Alias-Namen

Reformer – Planer – Kritiker – Mr./Mrs. 100 Prozent

Fokus

Prinzipienorientierung

Typische Eigenschaften

anspruchsvoll – rechtschaffen – gründlich – genau – eifrig – zuverlässig – wahrheitsliebend – werteorientiert – diszipliniert – vorausschauend

Typisches Zitat

„Es ist nicht einfach, perfekt zu sein, aber irgendeiner muss es ja schließlich tun."

Wie man ihre Aufmerksamkeit gewinnt

Zeigen Sie Engagement für Ihre Sache und stellen Sie Ihr Bemühen in den Dienst eines höheren Ziels. Unterstreichen Sie die Verbesserungen, die die Sache bringt, vor allem auch für das Gemeinwesen.

Was für den Beziehungsaufbau wichtig ist

Halten Sie sich im Erstkontakt an die gängigen Umgangsformen. Perfektionisten haben einen Sinn für Regeln und Etikette.

Wahren Sie erst einmal Abstand, auf der körperlichen Ebene ebenso wie auf der persönlichen. Perfektionisten schätzen es gar nicht, wenn man sie einfach anfasst oder ausfragt.

Ist das Eis einmal gebrochen, dann freuen sie sich jedoch über Nähe und einen Austausch über Gefühle.

Achten Sie auf Ihre Wortwahl. Perfektionisten haben auch einen Sinn für einen exakten Umgang mit Sprache.

Legen Sie eine Tagesordnung für Ihr Gespräch fest. Perfektionisten wollen wissen, was von ihnen erwartet wird, ansonsten geraten sie unter Druck.

Vermeiden Sie emotionale Kundgebungen; damit können Perfektionisten schlecht umgehen.

Wie man sie überzeugen kann

Am leichtesten überzeugen Sie Perfektionisten mit einer perfekten Argumentation: fundiert in der Sache, geradlinig in der Gedankenführung und weit reichend in der Folgenabschätzung. Bemühen Sie sich um Struktur, Ordnung und Disziplin. Das baut Brücken.

Halten Sie geltende Regeln ein, auch die der Präsentation.

Ethik und moralische Werte sind Perfektionisten wichtig. Berücksichtigen Sie dies bei Ihrer Argumentation und berufen Sie sich auf Referenzen, deren Legitimität außer Frage steht.

Perfektionisten stellen ihr Engagement für „das Richtige“ fast immer auch in den Dienst einer höheren Sache (das Recht, die Moral, das Prinzip, die Regel). Kommen Sie Ihnen entgegen und stimmen Sie Ihre Argumentation möglichst darauf ab.

Perfektionisten verfolgen die Absicht, das Chaos in der Welt zu ordnen. Wenn Sie sich ebenfalls darum bemühen, steigen Ihre Chancen, Gehör zu finden.

Was man unterlassen sollte

Auch wenn Perfektionisten selbst oft die Wörter „müssen“ oder „sollen“ benutzen, sollten Sie diese Wörter konsequent vermeiden. Der erhobene Zeigefinger sollte im Kontakt mit ihnen tabu sein. Dadurch würden sie sich nämlich auf inakzeptable Art unter Druck gesetzt fühlen.

Perfektionisten brauchen etwas länger, bis sie „warm“ werden mit anderen. Allzu rasche Vertraulichkeiten kommen hier schlecht an. Gleiches gilt für Indiskretionen.

Machen Sie nicht zu viel Druck. Lassen Sie Perfektionisten Zeit, alles zu überdenken, wenn Sie etwas von ihnen wollen.

Achtung: Regelbrüche und nicht abgesprochene Abweichungen von Normen oder Vereinbarungen können Ihren Überzeugungserfolg gegenüber Perfektionisten gefährden.

Reagieren Sie sachlich und aufgeschlossen auf die Einwände und Bedenken von Perfektionisten und prüfen Sie sie sorgfältig auf ihre Berechtigung.

Vorsicht auch mit unkontrolliertem Äußern von Kritik oder Wut. Selbst sehr sachliche und vorsichtig geäußerte Kritik nehmen Perfektionisten oft sehr persönlich.

5.5 Wohlmeinende Helfer

Alias-Namen

Unterstützer – Ratgeber – Beziehungsmanager – Mr./ Mrs. Unentbehrlich

Fokus

Beziehungsorientierung

Typische Eigenschaften

herzlich – einfühlsam – verständnisvoll – einsatzbereit – anteilnehmend – unterstützend – fürsorglich – aufopferungsvoll – flexibel – vielseitig

Typisches Zitat

„Ich bin immer in Hilfsbereitschaft."

Wie man ihre Aufmerksamkeit gewinnt

Helfer reagieren auf Nöte, Wünsche und Bedürfnisse von anderen. Wenn man sie auf diesem Ohr anspricht, dann kann man sich ihrer Aufmerksamkeit sicher sein. Fragen Sie sie also um Rat oder nach ihrer Meinung.

Was für den Beziehungsaufbau wichtig ist

Helfer sind Beziehungsmenschen mit einem großen Herzen. Nähe und Aufmerksamkeit sind ihnen wichtig.

Wenn ihnen jemand sympathisch ist, werden sie schnell persönlich und investieren viel in die Beziehung.

Sie drücken ihre Sympathie für ein Gegenüber gern auch durch Körperkontakt aus, und wenn der andere dies zulässt oder gar erwidert, geht es ihnen gut.

Seien Sie großzügig mit Anerkennung. Davon brauchen Helfer mehr als andere.

Legen Sie Wert auf den Rat des Helfers und gehen Sie wohlwollend mit ihm um, wenn er anderer Meinung ist.

Helfer sind anpassungsfähige Menschen. Manchmal passen sie sich der Meinung anderer an, ohne wirklich dahinterzustehen, meist aus der Angst heraus, sonst nicht gemocht oder fallen gelassen zu werden. Ermutigen Sie sie also immer wieder zu einer ehrlichen Meinungsäußerung.

Wie man sie überzeugen kann

Will man Helfer überzeugen, reicht es nicht, nur mit logischen Argumenten, Daten und Fakten zu glänzen. Helfer sind emotionale Menschen, und wenn man die Gefühlswelt außen vor lässt, wird man sie nur schwer gewinnen. Es ist in Ordnung, wenn Sie einräumen, dass Sie sich damit schwertun. Damit werden Sie in den Augen eines Helfers nur noch attraktiver.

Lassen Sie Helfern Raum, ihre Meinung einzubringen, und prüfen Sie ihre guten Tipps. Helfer laufen zur Hochform auf, wenn sie das Gefühl haben, an etwas Bedeutendem mitzuwirken.

Zeigen Sie in Ihrer Überzeugungsarbeit immer auf, welche und wessen Bedürfnisse durch die Sache erfüllt werden sollen. Diese Sprache erreicht Helfer direkt.

Helfer verstehen sich aufs Dienen und sie dienen gern, wenn sie das Gefühl haben, gebraucht zu werden. Geben Sie ihnen dieses Gefühl und beziehen Sie sie in Ihre Gedanken und Pläne ein. Helfer sind treue Verbündete, wenn man sie einmal gewonnen hat. Sie können auch zu hoch effektiven Multiplikatoren werden.

Was man unterlassen sollte

Unpersönliches, kühles oder abweisendes Kontaktverhalten, ihnen Hilfe oder Ratschläge aufdrängen, sie einfach stehen lassen, Ablehnung ihrer Zuwendung, Lob vorenthalten – die Liste der Alarmknöpfe ließe sich fortsetzen.

Machen Sie nicht den Fehler, ihr Engagement als selbstverständlich hinzunehmen. Helfer können dann sehr nachtragend sein.

Wenn ein Helfer Ihnen ungebeten Ratschläge erteilt, seien Sie nicht brüsk in Ihrer Zurückweisung. Helfer nehmen Ablehnung schnell persönlich. Betonen Sie, dass Sie gut für sich sorgen, wenn Sie Ihren eigenen Weg gehen oder lieber auf den Rat von einem Dritten hören.

Drängen Sie Helfern keine Ratschläge auf. Auf diesem Ohr sind sie taub. Bevor Sie Feedback geben, fragen Sie nach, ob dies erwünscht ist. Da Helfer neugierig sind, locken Sie sie mit der Frage möglicherweise aus der Defensive. Helfer müssen auf negatives Feedback vorbereitet werden.

5.6 Dynamische Erfolgsmenschen

Alias-Namen

Zielorientierte – Siegertypen – Verkäufer – Mr./Mrs. Top Performance

Fokus

Leistungsorientierung

Typische Eigenschaften

leistungsbereit – ehrgeizig – belastbar – aufstrebend – wettbewerbsorientiert – effektiv – effizient – imagebewusst – statusorientiert – charmant

Typisches Zitat

„Erfolg kommt von etwas Sein, etwas Schein und etwas Schwein.“

Wie man ihre Aufmerksamkeit gewinnt

Man gewinnt die Aufmerksamkeit von Erfolgsmenschen, indem man sie wichtig nimmt, ihren Einsatz und ihre Leistung würdigt und selbst große Einsatzbereitschaft an den Tag legt. Verfolgen Sie gemeinsam große Ziele.

Was für den Beziehungsaufbau wichtig ist

Erfolgsmenschen verstehen sich exzellent darauf, die Aufmerksamkeit anderer zu gewinnen. Sie verfügen über eine schnelle Auffassungsgabe und ein hohes Arbeitstempo.
Kommen Sie ihnen ein Stück entgegen, wo dies möglich und vertretbar ist. Sorgen Sie aber auch für die notwendige Detailtiefe. Erfolgsmenschen preschen oft zu schnell vor.

Erfolgsmenschen sind fokussiert auf das Ziel und erwarten dies auch von ihrem Gegenüber.

Sie sind wettbewerbs- und konkurrenzbewusste Menschen. Achten Sie darauf, dass Sie nicht rivalisieren, sondern betonen Sie, dass es Ihnen um eine optimale Lösung in der Sache geht.

Wie man sie überzeugen kann

Nutzenargumente sind der Schlüssel, um Erfolgsmenschen zu überzeugen. Man gewinnt sie für eine Sache, wenn auch sie einen Nutzen davon haben. Machen Sie diesen Nutzen deutlich, möglichst konkret. Unterstreichen Sie aber, dass es Ihnen auch um einen höheren Sinn geht, dem Sie persönliche Interessen unterordnen. Appellieren Sie an Erfolgsmenschen, dabei mitzuziehen, denn das ist ein gutes Korrektiv für die Eigennützigkeit.

Erfolgsmenschen haben ein gutes Gespür für Erfolg versprechende Projekte. Wenn sie überzeugt sind, machen sie sich fremdes Gedankengut schnell zu eigen. Achten Sie darauf, dass Ihnen Ihr Anliegen nicht entgleitet. Treffen Sie konkrete Vereinbarungen und Regeln für Ihre Kooperation.

Geben Sie viel Anerkennung für den Beitrag, den Erfolgsmenschen leisten. Betonen Sie aber auch, wie wichtig Ihnen das ehrliche Eingestehen von Fehlern ist, und loben Sie Erfolgsmenschen ausdrücklich dafür, wenn sie dies tun.

Was man unterlassen sollte

Wenn Sie Erfolgsmenschen warten lassen, sie ausbremsen oder bei der Zielerreichung behindern, riskieren Sie ihren guten Willen. Verzichten Sie auf Sätze, die mit *„Ja, aber …“* beginnen.

Stellen Sie Erfolgsmenschen nicht öffentlich als Verlierer hin, denn sie haben große Angst vor Gesichtsverlust. Mit destruktiver Kritik, die ausschließlich einen Mangel auf ihrer Seite betont, können sie schlecht umgehen.

Äußern Sie Kritik nur unter vier Augen und machen Sie deutlich, dass Sie Fehler vor allem deshalb ansprechen, damit der Erfolgsmensch seine Performance steigern kann.

Wenn Sie ihnen Lob und Anerkennung vorenthalten, verlieren Erfolgsmenschen die Motivation.

Erfolgsmenschen haben die Eigenart, sehr schnell zu erfassen, für welche Argumente und Meinungen der andere empfänglich ist. Sie bedienen diese dann, wenn es ihren Zwecken dient. Dieser Chamäleon-Effekt wird von anderen oft als nicht authentisch oder unehrlich empfunden. Der Umgang mit diesem Thema erfordert großes Fingerspitzengefühl.

5.7 Anspruchsvolle Individualisten

Alias-Namen

Ästheten – Leidenschaftliche – Intensive – Mr./Mrs. Special Project

Fokus

Gefühlsorientierung

Typische Eigenschaften

emotional – stilvoll – authentisch – sensitiv und sensibel – künstlerisch – schöpferisch – anders – intuitiv – radikal – krisenerprobt

Typisches Zitat

„Die Sehnsucht ist die einzig ehrliche Eigenschaft des Menschen."

Wie man ihre Aufmerksamkeit gewinnt

Individualisten sind kreative und originelle Menschen. Sie wollen „gesehen" werden. Sie haben einen Sinn für „das Besondere" oder „das Ungewöhnliche". Mit Appellen an dieses „Ohr" gewinnt man auch ihre Aufmerksamkeit.

Was für den Beziehungsaufbau wichtig ist

Die wichtigste Botschaft: Seien Sie im Kontakt hundertprozentig präsent. Individualisten spüren es, wenn Sie mit fünf Prozent Ihrer Aufmerksamkeit woanders sind, und nehmen dieses Aufmerksamkeitsdefizit persönlich.

Wenn Sie Individualisten anschauen, müssen Sie sie auch wirklich meinen. Wenn Sie mit ihnen sprechen, müssen Sie ihnen wirklich etwas zu sagen haben. Ihr Motto sollte lauten: Ganz oder gar nicht.

Individualisten neigen zu extremen Gefühlen und auch zu extremen Gefühlsschwankungen. Nichts ist so beständig wie die Unbeständigkeit. Wichtig für den Beziehungsaufbau ist, dass man sie in ihrer komplexen Emotionalität und ihrem Gefühlsausdruck respektiert und akzeptiert.

Die zweitwichtigste Botschaft: Individualisten umgibt oft eine Aura des Geheimnisvollen. Bemühen Sie sich darum, sie zu verstehen, aber lassen Sie ihnen diesen Teil ihrer Einzigartigkeit.

Wie man sie überzeugen kann

Man überzeugt Individualisten durch die Leidenschaft, die man für eine Sache an den Tag legt. Da sie selbst leidenschaftlich sind und intensive Erfahrungen suchen, sind sie hierfür sehr empfänglich.

Nehmen Sie sich Zeit und achten Sie auf das Ambiente. Von außergewöhnlichen Ideen und unkonventionellen Projekten lassen sich Individualisten begeistern; sie sind dann gern bereit, etwas beizusteuern. Geben Sie ihnen das Gefühl, dass das Projekt ihre ganz besondere Unterstützung braucht.

Stimmigkeit in der Argumentation und im ganzen Auftreten sind entscheidend, wenn man Individualisten gewinnen will. Was als unstimmig empfunden wird, lehnen sie kategorisch ab. In diesem Punkt sind sie radikal.

Erwarten Sie nicht, dass Individualisten einfach eine Meinung übernehmen. Lassen Sie ihnen Spielräume, sich und ihre originelle Kreativität einzubringen. Stecken Sie die Grenzen für Veränderungen jedoch ab.

Eine kleine Sonderbehandlung kann Wunder wirken, will man Individualisten gewinnen. Aber auch hier gilt: Es wirkt nur, wenn es ehrlich und echt ist.

Was man unterlassen sollte

Pressen Sie Individualisten nicht in Normen-, Pflichten- und Standardkorsette. Nur weil „man“ das so macht, machen sie es noch lange nicht so. Und nur weil alle anderen mitmachen, machen sie noch lange nicht mit. Verzichten Sie am besten ganz auf Bewertungen und Vergleiche mit anderen.

Appellieren Sie stattdessen an ihre Einzigartigkeit. Auf diesem „Ohr“ sind sie sehr empfänglich.

Verkneifen Sie sich Appelle, auf den Ausdruck von (zugegeben oft dramatischen) Gefühlen zu verzichten. Das wirkt auf Individualisten, als würden Sie ihnen verbieten zu atmen.

Individualisten verstehen sich selbst oft nicht ganz. Geben Sie also niemals vor, sie vollkommen zu verstehen. Geben Sie sich Mühe, aber bedrängen Sie sie nicht. Lassen Sie sie aber auch nicht im Regen stehen, wenn sie sich mal wieder unverstanden fühlen. Sie brauchen einen „Fels in der Brandung".

5.8 Stille Beobachter

Alias-Namen

Strategen – Denker – Theoretiker – Mr./Mrs. Independent

Fokus

Gedankenorientierung

Typische Eigenschaften

nüchtern – bescheiden – haushälterisch – systematisch – analytisch-sachlich – unabhängig – neutral – objektiv – philosophisch – cool

Typisches Zitat

„Überlegen macht überlegen."

Wie man ihre Aufmerksamkeit gewinnt

Beobachter sind Wissensmenschen. Sie schätzen Tiefgang und die Entwicklung von Theorien, die die Grenzen des Wissens erweitern. Sie bilden sich lieber selbst eine Meinung und sind daher auch nicht so leicht zu überzeugen.

Was für den Beziehungsaufbau wichtig ist

Respektieren Sie die Privatsphäre von Beobachtern und beanspruchen Sie ihre Zeit und ihren Raum gut dosiert und nur für Dinge, für die sie sich wirklich interessieren. Fragen Sie nach, wenn Sie Zweifel haben.

Vorankündigungen sind wichtig. Mehr als alle anderen brauchen Beobachter Zeit, um sich auf die Anforderungen einzustellen und sich gründlich vorzubereiten.

Achten Sie darauf, dass es keine Unterbrechungen gibt. Beobachter können sich sonst schlecht konzentrieren und empfinden dies als Missachtung ihrer Person.

Wahren Sie Abstand. Während die durchschnittliche Wohlfühldistanz in der Kommunikation in Mitteleuropa 1,50 bis 1,80 Meter beträgt, können Sie bei Beobachtern gut noch einmal 30 Zentimeter drauflegen. Sprechen Sie sachlich und nicht zu laut und vermeiden Sie es, sie mit Blicken zu fixieren.

Wie man sie überzeugen kann

Das Wichtigste für die Überzeugungsarbeit ist die Logik: Eine klare Gedankenführung, stichhaltige Begründungen und präzise Formulierungen. Unlogische Argumentationen empfinden Beobachter als Zumutung und als Zeitdiebstahl.

Fassen Sie sich also kurz, nach dem Motto: So viel wie nötig und so wenig wie möglich. Verzichten Sie auf Floskeln und kommen Sie zügig zur Sache.

Bleiben Sie immer sachlich und achten Sie strikt auf Vertraulichkeit der Dinge, die zwischen ihnen besprochen werden.

Vermitteln Sie Beobachtern deutlich, ob Sie nur einen geistigen Verbündeten suchen oder jemanden, der auch Mitverantwortung für ein gemeinsames Handeln übernimmt. Für niemanden spielt diese Information eine so große Rolle wie für Beobachter.

Bereiten Sie sich gründlich vor und denken Sie Ihre Ideen und Pläne zu Ende, zumindest so weit wie möglich.

Machen Sie durchaus auch deutlich, welche Qualifikationen und Erfahrungen Sie zu einer kompetenten Meinungsäußerung befähigen. Bei Beobachtern zählen höhere Weihen etwas.

Was man unterlassen sollte

Small Talk, Allgemeinplätze, Wiederholungen, bei Halbwissen mitreden – all diese Dinge sind Beobachtern ein Graus.

Beobachter mögen es nicht, wenn man ungefragt in ihre Privatsphäre eindringt. Sie brauchen auch ihre Rückzugsräume, zum Nachdenken oder zum Aufladen ihrer Batterien. Respektieren Sie dieses Bedürfnis.

Fragen Sie sie nicht aus, vor allem persönliche Dinge sind tabu. Beobachter erzählen Ihnen schon von selbst etwas von sich, wenn sie den Drang dazu verspüren. Dezente Signale des Interesses sind aber durchaus erlaubt.

Drängen Sie nicht auf ein unmittelbares Feedback. Beobachter brauchen auch hier wieder Zeit, sich alles gründlich durch den Kopf gehen zu lassen.

Emotionale Ausbrüche sind Beobachtern zuwider. Sie betrachten sie als „Entgleisungen“, die weder sachdienlich noch professionell sind.

5.9 Loyale Skeptiker

Alias-Namen

Bedenkenträger – Vorsichtige – Detektiv – Mr./Mrs. Advocatus Diaboli

Fokus

Problemorientierung

Typische Eigenschaften

pflichtbewusst – treu – risikobewusst – zweifelnd – Gefahren abwehrend – hartnäckig – analytisch-praktisch – hinterfragend – abwägend – präventiv

Typisches Zitat

Erstens: *„Nichts ist so leicht, wie es aussieht."*
Zweitens: *„Alles braucht länger, als man glaubt."*
Drittens: *„Wenn etwas schiefgehen kann, dann geht es auch schief."*

Wie man ihre Aufmerksamkeit gewinnt

Man gewinnt ihre Aufmerksamkeit dadurch, dass man selbst Problem- und Risikobewusstsein an den Tag legt. Durch Ehrlichkeit und einen Vertrauensvorschuss gewinnt man Schritt für Schritt ihr Vertrauen.

Was für den Beziehungsaufbau wichtig ist

Skeptiker brauchen eine Atmosphäre, in der es erlaubt, ja, am besten sogar erwünscht ist, Zweifel zu äußern. Ist dies nicht der Fall, insistieren sie umso hartnäckiger, werden aber auch zu Wadenbeißern, die nur auf Fehler lauern.

Skeptiker beleuchten eine Sache immer von allen Seiten, und in Gesprächen werden sie schnell zum Anwalt der Gegenseite. Das gehört zu ihrer Natur.

Sie sind vorsichtige Menschen und checken immer ab, ob man sie manipulieren oder über den Tisch ziehen will.

Wenn der andere alle Karten auf den Tisch legt, auch die unangenehmen, ist dies für Skeptiker ein Vertrauensbeweis, der ihre besten Seiten zum Vorschein bringt: *„Lass es uns trotzdem versuchen"*, heißt es dann, *„auch wenn die Chancen minimal sind."* Als Problemmanager können Skeptiker glänzen.

Wie man sie überzeugen kann

Wer einen Skeptiker für eine Sache gewonnen hat, kann sich etwas darauf einbilden. Denn von allen Persönlichkeitsprofilen sind die Skeptiker am schwersten zu überzeugen. Hier werden alle Absichten, die deklarierten wie die verborgenen, auf Herz und Nieren überprüft, bevor sie für gut befunden werden. Gleiches gilt für jedes Argument, jede Begründung, jede Referenz.

Hilfreich ist es, wenn man als Argumentierender zeigt, dass man sich selbst schon über alle möglichen Dinge den Kopf zerbrochen hat, an denen die Idee oder das Projekt scheitern könnte. Das stiftet Vertrauen, auch wenn Skeptiker noch so einiges hinzufügen könnten und wohl auch werden.

Wenn Skeptiker Bedenken äußern, bedeutet dies, dass sie engagiert sind. Hier fühlen sie sich zu Recht oft missverstanden. Nehmen Sie sich Zeit. Legen Sie alle Bedenken nacheinander auf die Waage. Sortieren Sie jene aus, die Sie für zu leicht befinden, aber nennen Sie dafür auch gute Gründe. Und berücksichtigen Sie die berechtigten Bedenken bei der weiteren Planung.

Was man unterlassen sollte

Versuchen Sie nicht zu beschwichtigen oder über Einwände und Differenzen hinwegzugehen. Sätze wie *„Alles wird gut"* oder *„Das wird schon klappen"* sollten Sie Skeptikern gegenüber nicht verwenden.

Vorschnelle Gegenreaktionen nach dem Motto *„Ja, aber …“* sollten Sie ebenfalls vermeiden, auch wenn Skeptiker selbst oft so ihre Sätze beginnen.

Wenn Sie nicht die (ganze) Wahrheit sagen, verlieren Sie in den Augen von Skeptikern Ihre Vertrauenswürdigkeit. Dann können Sie auch zu einem entschiedenen Gegner werden, der bekämpft werden muss oder gegen den Allianzen mobilisiert werden.

Halten Sie Ihre Zusagen ein und geben Sie Fehler sofort zu. Niemand reagiert auf Wortbruch oder eine Diskrepanz zwischen Reden und Handeln so empfindlich wie Skeptiker.

5.10 Lebensfrohe Optimisten

Alias-Namen

Visionäre – Innovatoren – Genießer – Mr./Mrs. Win-win

Fokus

Genussorientierung

Typische Eigenschaften

ideenreich – vielseitig – zukunftsorientiert – idealistisch – spontan – neugierig – freiheitsliebend – aufgeschlossen – innovativ – prozess- und lösungsorientiert

Typisches Zitat

„Ein Optimist steht nicht im Regen – er duscht unter einer Wolke.“

Wie man ihre Aufmerksamkeit gewinnt

Man gewinnt die Aufmerksamkeit von Optimisten, indem man in die Zukunft blickt und es wagt, das Unmögliche zu träumen. Positive Reizworte sind *neu, interessant, spannend, fantastisch* usw.

Was für den Beziehungsaufbau wichtig ist

Sorgen Sie für eine entspannte Atmosphäre und gute Laune. Optimisten lachen gern und mögen es, wenn andere mitlachen. Humor ist ihnen sehr wichtig. Auch bei der Arbeit legen Optimisten Wert auf Freude und Spaß. Gehen Sie daher spielerisch an die Sache heran, wenn Sie sie gewinnen wollen.

Benutzen Sie eine positive Sprache und blicken Sie gemeinsam in die Zukunft. Visualisieren Sie Ihre Ideen und sorgen Sie für Abwechslung in den Themen und den Methoden der Präsentation, ohne dabei Ihre klare Linie zu verlieren.

Das Motto von Optimisten lautet: Mehr ist mehr. Lassen Sie daher Möglichkeiten offen, wenn Sie mit ihnen zu tun haben.

Die heilige Kuh von Optimisten ist ihre Freiheit. Hüten Sie sich also, sie in ihrer Freiheit zu beschneiden oder unnötig einzuschränken. Damit gefährden Sie die Beziehung.

Wie man sie überzeugen kann

Wenn man ihre Neugierde und ihren Entdeckergeist weckt, hat man sie schnell gewonnen – zumindest für den Moment. Für Planspiele und einen geistreichen Gedankenaustausch sind Optimisten fast immer zu haben.

Gestaltungsmöglichkeiten und gemeinsames Netzwerkeln wirken motivierend auf Optimisten.

Sie jedoch bei der Stange zu halten oder sie für einen längeren gemeinsamen Umsetzungsprozess zu gewinnen, ist eine größere Kunst. Da kann es helfen, an ihren schier unerschöpflichen Idealismus zu appellieren. Dieses Ohr ist bei ihnen hoch entwickelt.

Ist dieser freigeistige Idealismus geweckt und stehen sie im Wort, können Optimisten auch mehr Verbindlichkeit und Durchhaltevermögen entwickeln.

Seien Sie sich bewusst, dass Optimisten sich schwertun, eine Überzeugung zu übernehmen. Sie werden recht schnell versuchen, sie weiterzuentwickeln. Lassen Sie also Spielräume dafür. Optimisten machen das auch gern im Team.

Was man unterlassen sollte

Einschränkungen, Vorschriften und Bevormundungen empfinden Optimisten als Freiheitsberaubung und reagieren mit Flucht oder Attacke. Optimisten brauchen eine lange Leine, um bleiben zu können.

Achten Sie auf Ihre Sprache und Ihre Körpersprache. Der erhobene Zeigefinger, strenge Blicke und ein belehrender Ton sind hier tabu.

Auch negative Sprache, Schwarzseherei, Unkenrufe, Pessimismus und Bierernst kommen nicht gut an. Sie verderben Optimisten jeden Spaß an der Sache.

„Geht nicht!“ geht gar nicht. Zeigen Sie Zuversicht, dass immer eine (kleine) Chance besteht, das Unmögliche zu schaffen.

Vorsicht mit unangenehmen Botschaften, vor allem Kritik. Damit Optimisten diese annehmen können, sollten sie zumindest nett verpackt sein. Auch auf den Ton sollte man achten und vermitteln, dass man konstruktiv und lösungsorientiert ist und ihnen nicht schaden will.

Übung 36

Erinnern Sie sich an jemanden, mit dem Sie sich im Kontakt schwertun, mit dem es zu unerfreulichen Missverständnissen oder Konflikten kam. Können Sie das Persönlichkeitsprofil dieses Menschen erkennen? Lesen Sie sich die Übersicht zu diesem Profil noch einmal genau durch und notieren Sie sich auf einem Blatt Papier die positiven Absichten, die Menschen dieses Profils steuern. Erinnern Sie sich beim nächsten Kontakt ganz bewusst an diese positiven Absichten und berücksichtigen Sie die Tipps für die Kontaktpflege und das Überzeugen.

Falls Sie gern mehr über die Persönlichkeitsprofile des Enneagramms erfahren wollen, haben wir drei Empfehlungen für Sie:

In dem Buch *Erfolgsfaktor Menschenkenntnis* von Ulf Tödter und Jürgen Werner (Cornelsen, 2. Aufl., 2008) werden die neun Persönlichkeitsprofile in mehreren relevanten Themenfeldern des beruflichen Alltags ausführlich behandelt. Es werden zudem zahlreiche wertvolle Tipps sowohl für das Selbstmanagement als auch für einen guten Umgang mit Menschen des jeweiligen Persönlichkeitstyps gegeben.

Ergänzend zum Buch ist im selben Verlag ein gleichnamiges Hörbuch erschienen. Hier können Sie die Persönlichkeitsprofile in szenischen Dialogen mit mehreren Sprechern hautnah erleben.

Führungskräften empfehlen wir zudem das Buch *Führen ist Charaktersache* von Martin Salzwedel und Ulf Tödter (Cornelsen, 2008). Dieses Buch eignet sich vorzüglich als Arbeitsbuch für Führungskräfte und Führungsteams. Es leuchtet die Persönlichkeitsprofile im Hinblick auf ihre Stärken und Schwächen in Sachen soziale Kompetenz aus.

Literaturverzeichnis

Bruno, Tiziana; Adamczyk, Gregor: Körpersprache. Planegg 2008

Cerny, Thomas: Talente nutzen – erfolgreich sein. Profitieren Sie von Ihrem Potenzial. München 2002

Cialdini, Robert B.: Die Psychologie des Überzeugens. Ein Lehrbuch für alle, die ihren Mitmenschen und sich selbst auf die Schliche kommen wollen. Bern 2006

Defersdorf, Roswitha: In der Sprache liegt die Kraft. Freiburg 2008

Dux, Günter: Für eine Anthropologie in historisch-genetischer Absicht. In: Dux, Günter; Wenzel, Ulrich (Hg.): Der Prozess der Geistesgeschichte. Frankfurt a.M. 1994

Edmüller, Andreas; Wilhelm, Thomas: Argumentieren. Sicher – treffend – überzeugend. Planegg 2000

Gast, Wolfgang: Juristische Rhetorik. Heidelberg 2006

Geißner, Hellmut: Der Fünfsatz. Ein Kapitel Redetheorie und Redepädagogik. In: Wirkendes Wort 18 (1968), S. 258 ff.

Glotz, Peter: Willy Brandts Charisma. Berlin 2004

Gordon, Thomas: Managerkonferenz. Effektives Führungstraining. München 2003

Hartmann, Michael: Der Mythos von den Leistungseliten. Spitzenkarrieren und soziale Herkunft in Wirtschaft, Politik, Justiz und Wissenschaft. Frankfurt a.M. 2002

Kienpointner, Manfred: Vernünftig argumentieren. Regeln und Techniken der Diskussion. Reinbek 1996

Kürsteiner, Peter: Reden, vortragen, begeistern. Vorträge und Reden erfolgreich vorbereiten und professionell präsentieren. Weinheim 2002

Luhmann, Niklas: Vertrauen. Ein Mechanismus der Reduktion sozialer Komplexität. Stuttgart 2000

Moscovici, Serge: Das Zeitalter der Massen. Eine historische Abhandlung über die Massenpsychologie. Frankfurt a.M. 1986

Müller, Meike: Killerphrasen … und wie Sie gekonnt kontern. Frankfurt a.M. 2003
Müller, Ulrich; Schuh, Horst: Denken – Reden – Überzeugen. Lehr-, Lern- und Lesebuch zur Diskussionstechnik. Rottweil 1980
Naumann, Frank: Schöne Menschen haben mehr vom Leben. Die geheime Macht der Attraktivität. Frankfurt a.M. 2006
Niermeyer, Rainer: Mythos Authentizität. Die Kunst, die richtigen Führungsrollen zu spielen. Frankfurt a.M. 2008
Salzwedel, Martin; Tödter, Ulf: Führen ist Charaktersache. Überzeugen durch Authentizität und soziale Kompetenz. Berlin 2008
Sanders, Tim: Der Sympathiefaktor. Menschen erfolgreich für sich gewinnen. Frankfurt a.M. 2006
Schulz von Thun, Friedemann: Miteinander reden, Bd. 3. Das „Innere Team" und situationsgerechte Kommunikation. Reinbek 2008
Sobota, Katharina: Rhetorisches Seismogramm – eine neue Methode in der Rechtswissenschaft. In: Juristenzeitung, 1992, S. 231 ff.
Sofsky, Wolfgang; Paris, Rainer: Figurationen sozialer Macht. Autorität – Stellvertretung – Koalition. Frankfurt a.M. 1994
Tödter, Ulf; Werner, Jürgen: Erfolgsfaktor Menschenkenntnis. Berlin 2008
Weirauch, Carolin: Juristische Rhetorik. Berlin 2005

Über die Autoren

Jürgen Werner, Jurist und Sozialwissenschaftler, ist seit 1990 freiberuflich als Trainer in der beruflichen Aus- und Weiterbildung tätig. Seine Schwerpunktthemen sind: Kommunikation, Rhetorik, Argumentation, Menschenkenntnis, Lebens- und Karriereplanung, Intuitionstraining, Zeit- und Selbstmanagement.

Ulf Tödter, Umweltwissenschaftler, war von 1990 bis 1996 Geschäftsführer einer internationalen Umweltorganisation. Seit 1997 ist er freiberuflich tätig als Trainer, Organisationsberater und Coach. Seine Schwerpunktthemen sind: Führung, Selbstmanagement, Coaching, Menschenkenntnis, Lebens- und Karriereplanung, systemisches Denken und Handeln in Organisationen und Unternehmen.

www.werner-und-toedter.de

Stichwortverzeichnis